华为
细节管理法

国内唯一一本对华为细节管理进行细致分解的图书

张继辰 王伟立◎编著

深圳出版社

图书在版编目（CIP）数据

华为细节管理法 / 张继辰，王伟立编著. -- 深圳：
深圳出版社，2015. 2 (2024. 6重印). -- (华为员工培
训读本系列). -- ISBN 978-7-5507-1195-2

Ⅰ.F632.765.3

中国国家版本馆 CIP 数据核字第 2024AJ5219 号

华 为 细 节 管 理 法
HUAWEI XIJIE GUANLIFA

出 品 人　聂雄前
责任编辑　邱玉鑫　张绪华
责任技编　陈洁霞
封面设计　元明·设计

出版发行　深圳出版社
地　　址　深圳市彩田南路海天大厦　　（518033）
网　　址　www.htph.com.cn
订购电话　0755—83460239（邮购）
设计制作　蒙丹广告0755-82027867
印　　刷　深圳市希望印务有限公司
开　　本　787mm×1092mm　1/16
印　　张　16.25
字　　数　197千
版　　次　2015年2月第1版
印　　次　2024年6月第5次
定　　价　39.00元

前言

作为中国最出色的高科技公司之一，华为已成为业界标杆，其创始人任正非更是华人商业世界中的"经营之神"，他所创建的这家公司，辉煌而神秘。这几年来，华为在电信运营商市场可谓势如破竹，拿下了全球前50家运营商中的45家，在中国仍然保持着遥遥领先的地位，在欧洲市场也占据了领先位置。

无数的企业家对华为总裁任正非顶礼膜拜，离开华为的普通员工都会成为炙手可热的人才资源。企业犹如明星，其命运随着潮流的变化而跌宕起伏，但华为似乎可以算是一个例外，在每一个浪尖谷底，它总是坦然以对，走着自己的路，并最终开辟出一条通往世界的扩张之路。

华为一路高歌猛进，创造着各种各样令人瞠目结舌的神话。从华为国际化道路的历程中不难看出，华为就如任正非本人的性格一样，富有冒险精神、进攻性十足。然而，华为在细节管理方面的做法同样为人们所称道。

华为的魅力在于它的务实，在于它的细节。从小窥大，华为的细节管理，足可放大至所有员工的养成教育和管理训练。就是一些公示于天下、毫不起眼的细节，成就了华为。在华为人看来，庞大的华为机器只有两条清晰的主线：客户线和产品线。管理与服务的进步远远比技术进步重要。没有管理，人才、技术和资金就形不成合力；没有服务，管理就没有方向。应该说，细节管理的背后，是基于华为奉客户至上的企业文化精髓。华为人在客户线和产品线上的细节精神为我们提供了学习的典范。正如长江商学院院长项兵所说："中国企业中，只有华为一家是同时在国际主流产品和国际主流市场这两个方面与国际一流企业展开竞争的。'华为模式'不仅成为中国企业学习的样板，也是许多华为全球竞争对手所重点研究的内容。"

对于个人来说，能把每一件简单的事做好就是不简单，能把每一件平凡的事做好就是不平凡。对于企业来说，也只有从"大处着眼，小处着手"，才能在目前的精细化时代，打造企业品牌，铸就企业辉煌！精细化是我国企业必须迈过的一道坎，不管是何种行业，不论是哪家企业，离开了精细化，要想在日趋激烈的国际化竞争中立于不败之地，无异于缘木求鱼。

为此，我们撰写了《华为细节管理法》一书。本书以大量案例论述了"细节"在管理中的重要性，旨在提示企业乃至社会各界：精细化管理时代已经到来。芸芸众生能做大事的实在太少，多数人的多数情况总还只能做一些具体的事、琐碎的事、单调的事，也许过于平淡，也许鸡毛蒜皮，但这就是工作，是生活，是成就大事的不可缺少的基础。很多细节都不是什么了不起的发现或设计，不过是多下了一点功夫。中国绝不缺少雄韬伟略的战略家，缺少的是精益求精的执行者；绝不缺少各类管理制度，缺少的是对规章条款不折不扣的执行。

《华为细节管理法》是一本实用的细节管理指导用书，我们希望这本书能够帮助你解决工作和生活中的各类细节管理问题。前提是，你必须首先保持对细节管理的严肃态度，审慎地觉察自身在细节管理方法上的不足……经由反省，我们总是能够更明智地认识自己，寻找到改善的途径。

《华为细节管理法》是国内首本从细节管理的角度对华为进行剖析的专著。《华为细节管理法》是企业管理者和华为这家高科技民营企业的拥趸者全面了解华为细节管理的精华读本，也是广大关心企业细节管理的读者的必读参考书。

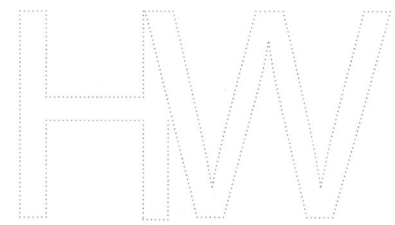

目录 HUAWEI

第一章　什么是细节管理 /01

第一节　细节始于初期的谋划 /02

第二节　工作无小事，成败在细节 /05

第三节　魔鬼藏在细节之中 /10

第四节　小事是成就大事的细节 /14

第五节　尽心尽力，把每个细节做好 /18

第六节　毁灭只因细节管理的松懈 /21

第二章　时代要求精细化管理 /27

第一节　微利时代要求精细化管理 /28

第二节　细节化成就专业化 /31

第三节　细节拉开同质化距离 /35

第四节　细节决定企业成败 /39

延伸阅读：适度专业化企业拥有的优势 /43

第三章　伟大源于细节的积累 /45

第一节　创新从细节开始 /46

第二节　细节来自于制度 /52

第三节　细节来自于榜样 /57

第四节　细节来自于习惯 /60

第五节　细节来自于用心 /63

第四章　细节决定利润 /69

第一节　细节中创造效率 /70

第二节　细节管理创造效益 /73

第三节　从细节中获得竞争优势 /79

延伸阅读：粗放管理与精细管理 /84

第五章　细节决定成败 /89

第一节　细节是制定战略目标的基础 /90

第二节　祸患常始于对细节管理的忽视 /97

第三节　只有细节管理才有积累 /101

第六章　细节是执行力的基石 /105

第一节　执行力的关键在于细节 /106

第二节　行动是细节成败的根基 /111

第三节　阴沟里翻船：100 − 1 = 0/114

第四节　细节强化执行力 /119

第五节　把平凡的事情做得不平凡 /121

第六节　伟大的设计就在细节之中 /125

第七节　简单不等于容易 /128

第七章　制度细节是组织高效运行的保障 /133

第一节　没有规矩不成方圆 /134

第二节　负责人不能独断专行 /140

第三节　领导管理中要以身作则 /144

第八章　细化执行的标准流程 /149

第一节　豪放型领导抵不过手册 /150

第二节　量化每一项工作指标 /154

第三节　执行要不折不扣 /159

第九章　有效的过程控制 /167

第一节　全员参与是细节管理的保障 /168

第二节　在细微之处着力 /172

第三节　设定有效的监督考核指标 /176

第四节　改变拖延的恶习 /182

第五节　执行要靠铁一样的纪律 /185

第六节　结果要靠过程来保证 /188

第十章　让标准变成行事的规范 /195

第一节　按标准执行的威力 /196

第二节　标准执行不打折扣 /201

第三节　尊重流程标准 /205

第四节　维护制度的严肃性 /210

参考文献 /214

后记 /216

HUAWEI

第一章

什么是细节管理

第一节　细节始于初期的谋划

美国的迪士尼乐园盛名享誉全球，将一个游乐场做得这样成功，迪士尼无疑有它的成功之道。在迪士尼游玩过的人一定都会有这样的感觉，整个游玩过程非常舒服。为什么会有这样的感觉？就是因为这个游乐园非常注重细节的处理，保证每一个游客在游玩的过程中时刻感觉舒服、美好。

比如，在迪士尼游乐园，你不小心倒洒了一杯可乐。为了防止别的游客踩到洒在地上的可乐，他们会有工作人员站在那里对游客发出警告，并且另一批工作人员迅速赶到现场，处理可乐的污渍。一般来说，如果弄洒了一杯可乐，用拖把拖一下就差不多了，然而，迪士尼的工作人员一定会用吸水纸先吸附地上的可乐，然后再用干净的拖把拖掉余下的污渍。

迪士尼人认为，一杯可乐洒在地上是小事，但是因为这杯可乐污染了整个迪士尼的环境才是大事。因为这种污染会影响游客的心情，那么最终结果是影响游客的数量，最终影响整个公司的经济效益。

迪士尼公司为了让顾客满意，在细节方面做了大量的努力。迪士尼的创始人沃特·迪士尼先生一生重视迪士尼的信誉，一次他在游乐园里游览一个景点，经过计算整个游玩过程花费了4分钟，但是在景点的介绍说明书上说：游览完整个景点需要花费7分钟。这让沃特先生非常生气，觉得这严重影响了迪士尼的信誉，命令在场的工作人员及时改正。

从管理层到普通的员工，迪士尼的每一个人都养成了关注细节的习惯。也许正是由于这种关注，迪士尼才能成为享誉世界的游乐园。[1]

细节的执行要贯彻在企业的整个管理过程中，而是否将细节制度化是企业管理水平高低的体现。特别是在即将结束时，更要保持警惕，不能有任何松懈，很多的事业都是因为最后阶段的放松而万劫不复。老子说过一句话"天网恢恢疏而不漏"，这句话同样对企业制度的建立和执行有着指导意义。企业的制度要覆盖全面、全过程，铲除任何漏洞，要做到如下几个要点：1. 企业的细节管理必须制度化，渗透到企业的每一个环节，落实到岗位、落实到人，做到用制度管人。2. 高管层：明确经理岗位工作要点。3. 管理层：制定和贯彻系统且细化的规则。4. 职员层：设计和掌握基础管理工具。5. 坚持细节管理，否则一个小小的失误将导致满盘皆输。

1997 年前后，华为的销售额已经达到了几十亿元。由于销售量很大，华为内部又是层层分解任务的做法，在管理的一些具体细节上很难照顾周全，导致时常出现这样那样的错误。当时，市场部某些经理的一大任务就是去给那些恼火的客户"倒气"，也就是去赔礼道歉。1997 年 12 月，刚到华为公司不到半年的陈雪志被派到了西安办事处。延安电信局订购了华为的一套设备却一直没有到货，催了好多次，好不容易收到了货，却发现货发错了。由于比预期到货日期推迟了半年多，又出现这样的情况，延安电信局领导暴跳如雷，直接把多份投诉传真到了华为总部。总部指示一名公司高层与陈雪志一起去处理。陈雪志与这位领导从西安乘火车去，晚上才到延安。冒着严寒，两人在一家环境很恶劣的宾馆住了一晚。第二天，两

1　墨墨 . 把工作做到极致 . 北京：北京理工大学出版社，2010.11

人去延安电信局，耐心地听对方主管领导抱怨、斥责，两人赔着笑，说着好话，将对方的意见一条条记下来，回到办事处后汇总到一起发到公司总部统一处理。

任正非要求，在平时的系统维护中，华为人除规定的工作之外，还要思考客户在想什么，其理由是什么。这就需要之前进行谋划，通过交流访谈、邮件、客户的维护制度、集团公司文件、上级考核要求等多种方式获取客户的信息，指导维护工作，使维护工作有的放矢。[1]

华为商城的开业是细节始于谋划的典型案例。2012 年 3 月，华为商城内部测试版正式对外试运营，并于 3 月 18 日正式上线营业。任正非的电商念头其实与南美大陆有关，"电商做好了以后，我们的酒也在这上面卖，我们将来从阿根廷买回来的牛肉也可以在网上卖。我们的货物是真的，能控制货物质量。我们有货源，全球 140 多个国家，从每个国家买个好东西放到电商上销售。华为公司的零部件将来都可以拿到网上卖。"

任正非从南美回来，恰好一年一度的华为终端战略研讨会召开。在这次会议上，任正非毫不客气："你们太僵化了。"任正非称，此前他一直反对终端去做所谓的渠道，因为去做渠道要一家家去谈，成本太高，而应该发展低成本的电商。"我们优先发展低成本的、猛发展低成本的，改变格局。"

"我看可以大胆地干。"任正非为华为电商的发展定了调。早在电商梦之前，华为曾经试图向互联网转型。华为为何自建商城？华为终端公司董事长余承东表示，作为世界最大移动终端厂家，华为手机的公开渠道始终是心病——销量掌握在运营商的手上。"从运营商定制市场到公开市场，华为还在路上。我们必须做出一些改变。"余承东原话如此，原因大家心知肚

---

1 王永德.狼性管理在华为.武汉：武汉大学出版社，2012.6

明：运营商铺货的速度太慢，从谈判到合作再到公开销售，往往耗时甚长，不利于生产商出货，造成积压，也会让一些新设计的手机错失市场销售的最好时机。

2012 年 6 月，华为终端公司的电子商务部悄然成立。这次组织架构调整非常低调，外界几乎毫不知情。成立不到一年已经盈利，华为电商的试水非常符合任正非对终端发展的预期，甚至也让任正非对互联网销售有了切实的感觉和更大的设想，包括卖阿根廷牛肉。尽管任正非有着长远的设想，但华为第一步还是要先把手机电商做好才是最重要的。虽然任正非在讲话中提到了淘宝、京东，但从华为的资源、电商模式上看，与前两者的大规模综合类电商的定位并不相同。任正非的想法其实很简单，并不一定要做成淘宝或者京东，无非就是利用自己的资源优势，以最小的成本做点最可行的事。某种程度上，华为电商其实是对现有电商市场的一个补充，基于优质货源之上的独特电商。[1]

第二节　工作无小事，成败在细节

"蝴蝶效应"（The Butterfly Effect）是美国著名气象学家洛伦兹（Lorenz）在 20 世纪 70 年代提出的。20 世纪 60 年代初，洛伦兹在利用计算机进行"数值天气预报"试验时发现，计算机中输入的资料如果发生微小的变化，其最终计算结果就会出现巨大的差异。1972 年 12 月 29 日，在华盛顿召开的美国科学发展学会上，洛伦兹发表了一个伟大的演说——不可预测性，即

1　李瀛寰 . 任正非谋划的另一盘棋：电商 . 新浪网，2013.8

一只在巴西翩翩起舞的蝴蝶，有可能会在美国的得克萨斯州引起一场龙卷风，这就是著名的"蝴蝶效应"。

从科学的角度来看，"蝴蝶效应"反映了混沌运动的一个重要特征，即系统的长期行为对初始条件的敏感依赖性。在混沌系统中，初始输入资料的十分微小的变化，经过系统的不断放大，其未来状态可能会造成极其巨大的差异。其本质是：细节不容忽视，任何一个微小的事物，都可能引起一场巨大的变化；一点点细微的失误，都有可能带来巨大的损失。由此我们可以联想到，现代企业就是一个分工精细、结构复杂的系统，其运营过程往往由诸多细节构成，这些细节之间环环相扣，每一个细节都有它特殊的功能，任何一个细节出现小小的失误，经过企业系统的运营，都可能会像"蝴蝶效应"那样产生意想不到的巨大差异。

汪中求在《细节决定成败》一书中曾讲了这样一件事情：

浙江某地出口的冻虾仁被欧洲一些商家退了货，并提出索赔。原因是欧洲当地检验部门从1000吨中国进口的冻虾仁中查出了0.2克氯霉素，即氯霉素的含量占总量的50亿分之一。经过自查，环节出在加工上。原来，剥虾仁要靠手工，一些员工因为手痒难耐，用含氯霉素的消毒水止痒，结果将氯霉素带入了冻虾仁。

这起事件，引起不少业内人士的关注。一则认为这是质量"壁垒"，50亿分之一的含量已经细微到极致了，也不一定会影响人体健康，只是欧洲国家对农产品的质量要求太苛刻了；二则认为是素质"壁垒"，主要是国内企业员工的素质不高造成的；三则认为这是技术"壁垒"，当地冻虾仁加工企业和政府有关质检部门的安全检测技术，大大落后于国际市场对食品质量的要求，根本检测不出这么细微的有毒物。其实他们都忘记了最关键的，这 50 亿分之一的数据，表面上看起来是一次贸易中的正常失误，其实却隐含着深刻的教训，管理上不容疏忽各种各样的小问题。

员工手痒抹药本没有错，但就是这样一件"小事"，最终导致了 1000 吨冻虾仁的退货。

对企业来说，成败在细节；对个人来说，细节决定命运。沃尔玛、海尔、麦当劳、通用电气、肯德基等企业，之所以能跻身世界 500 强的行列，和他们的员工做好细节工作有着重大的关联。就是因为这些企业懂得在细节上管理员工，要求员工，最终才获得了好成绩。

那些有名的成功者，比如李嘉诚、王永庆、亨利·福特、比尔·盖茨等，无一不是注重细节的人。看看他们的成功史可以发现，他们都是从小事做起，一点一滴积累起来，最终才走上了成功的巅峰。

参加招聘会的那天早上，小李在宿舍不慎碰翻了水杯，将放在桌上的简历浸湿了。为了不迟到，小李只将简历简单地擦了一下，便和其他物品一起，匆匆塞进背包。

在招聘现场，小李看中了一家深圳房地产公司的广告策划主管岗位。按照这家企业的要求，招聘人员将先与应聘者简单交谈，交谈满意的，再收简历，被收简历的人将得到面试的机会。

轮到小李时，招聘人员问了一些问题，便向他要简历。小李受宠若惊地拿出简历，这才发现，简历上不光有一大片水渍，而且放在包里一揉，再加上钥匙等东西造成的划痕，已经不成样子了。小李很尴尬，但是没有办法，只能尽力将它弄平整，递了过去。看着这份伤痕累累的简历，招聘人员的眉头皱了皱，还是收下了。那份折皱的简历夹在一叠整洁的简历里，显得十分刺眼。三天后，小李参加了面试，表现非常活跃，无论是现场展示策划能力，还是为产品设计营销思路，他都完成得不错。在校读书时曾为文艺骨干分子的小李，还即兴表演了一段小品，赢得了面试负责人的啧啧称赞。当他结束面试走出办公室时，一位人力资源部门的小姐对他说："你是今天面试者中最出色的一个。"一切似乎胜利在望。

然而，面试过去三周了，小李依然没有得到回复。他着急了，忍不住打电话向那位小姐询问情况。小姐沉默了一会儿，告诉他："其实招聘负责人对你是很满意的，但你败在了简历上。老总说，一个连简历都保管不好的人，是管理不好一个部门的。你应该知道，简历实际上代表的是你的个人形象。将一份凌乱的简历投出去，有失严谨。"

一次绝好的机会，就这么错过了，真可谓细节决定命运。[1]

毛泽东有句名言"世界上怕就怕认真二字"，说的就是对细节的重视和认真执行，如果能做到这一点，世界上就没有什么可怕的事情了。

精细化管理时代已经到来，我们一定要注重细节，把事情做到精准。

在华为的合作项目组里，作为一个 30 ～ 40 人的这么大的项目团队，如果说只有一个项目经理来完成这个团队的管理和工作运作的话，那可以说几乎是不可能的。一般情况下，一个需要承担具体技术工作的基层管理者可直接管理的员工数量不宜超过 6 人，所以管理的最小单位一般为 5 ～ 6 人，而华为合作项目组也被分为若干个这样的最小管理单位，一般称之为

1　李问渠 . 细节思维 . 武汉：武汉出版社，2011.8

项目小组，比如×××项目组就分为开发一组、开发二组、开发三组、系统组、业务保障组和维护组等，每个小组均任命 1 名组长，而每位组长对项目经理负责，并向项目经理汇报工作。

项目经理制订整个项目组较大层面的进度计划，并监督各小组对计划的执行情况，根据小组的工作进展对小组长进行绩效考核。小组长对各自组员的计划进度安排就更细致了，在任务紧张时期几乎可以细到 2 ~ 3 小时这样粒度的工作量，每位组员的工作量应该说编排得非常饱和了，所以在这样的一个团队里有谁想在工作时间内做与工作无关的事情基本是不可能的；小组长几乎每天要对组员（尤其是开发人员）的工作进度进行一次检查，以尽早发现问题并及时采取措施，防范潜在的风险，细粒度的工作监控也就很容易发现、跟踪到各个组员的表现状态和工作能力；另外，每个小组长一般也会有一份红黑事件记录表，专门记录小组中发生的一些红（表扬）事件和黑（批评）事件，比如某组员帮助其他同事解决一个重大 BUG 或总结出一个技术经验并写成文档共享给项目组其他同事等都记入红事件，而某组员在系统升级时漏升某个文件而导致升级不成功时就记入黑事件，红事件和黑事件都作为绩效考核中加分和减分的依据。所以绩效考核的评分基本都是客观准确的，是有据可查的。精细客观的绩效考核方式无疑规范了项目组的绩效考核制度，统一了整个项目组的价值认同感。[1]

除了进行制度上的细节管理，华为也非常重视对员工的思想进行细节教育。华为给每一位刚进公司的员工培训时都要讲《谁杀死了合同》这个案例，他们认为所有的细节都有可能造成公司的崩溃。

1998 年，华为在九江的传输产品出过重大问题，按惯例是用新设备把

---

[1] 华为项目团队管理 . 项目管理资源网，2010.9

故障机换回来。任正非却说：不能换，换回来研发就不会感到痛，我要让他们痛一痛。结果华为付出了巨额赔偿。这种看似不讲道理的专横，给员工留下了深刻的印象，"关注细节"和"严把质量关"的理念深入人心。

第三节　魔鬼藏在细节之中

许多企业并不是被大事打倒，而是败在一些不起眼的细节上。

几年前，美国宝洁公司推出汰渍洗衣粉时，市场占有率和销售额以惊人的速度向上飙升，可是没多久，这种势头逐渐放缓了。

宝洁公司于是进行了大量的市场调查，在一次小组座谈会上，有消费者抱怨汰渍洗衣粉的用量大，当追问是什么原因时，这位消费者说："你看广告中在倒洗衣粉时，倒了那么长时间，所以，说它洗得干净，其实是因为它用得多，划不来。"于是品牌经理赶紧把广告找来，掐算了一下展示产品部分中倒洗衣粉的时间，一共 3 秒钟，而其他洗衣粉广告中仅为 1.5 秒。

也就是在广告上这么细微的一点疏忽，就对汰渍洗衣粉的销售和品牌形象造成了伤害。

在市场竞争日益激烈残酷的今天，任何细微的东西都可能成为"成大事"或者"乱大谋"的决定性因素。那些看似细枝末节的东西，恰恰是市场拓展的精髓所在。

细节是成就伟大的关键点，能够成功的人，都是对细节非常注重的人；而失败者，则缺乏对工作认真负责的态度，把工作当成负担，马虎、敷衍、拖沓的毛病随时可见。这样的人不会把工作当成一种乐趣，而且往往因为忽略了细节，使其离成功总是差最后一步。

电影《泰坦尼克号》里有一个镜头，在船要沉没、船尾翘起来的时候，船上所有的碗、杯子、盘子都散落一地。拍完这个镜头，导演卡梅隆把盘子拿起来一看，发现上面都没有商标。而实际上，人们把真实的"泰坦尼克号"从海底打捞上来后，发现船上的碗、盘子、杯子都是有商标的。

当卡梅隆发现这个问题后，决定重新拍摄这个镜头。影片投资人说："你疯了，一万多个盘子重新做一套，那要多少钱啊！？"卡梅隆说："那就扣我的薪水吧，即使我不领薪水，我也要把它重新做一遍。"于是，他们又重新做了一套带商标的碗、盘子和杯子，重新拍了一遍这个镜头。

其实，全世界有几个人知道那个盘子底下有商标呢？但对卡梅隆来说，事实上有的东西，就要把它拍好。正是这种追求完美的精神、每个细节的执行力都做到位的态度，让美国电影风靡世界。

托尼·王在美国一家保险公司任高级精算师，受中国某保险公司之邀，前来中国商谈一些可能合作的培训项目。托尼提出与保险公司的经理们见个面，以便更好地了解中国的保险业市场。托尼的要求得到了满足，在离首都不远的一个城市，某保险公司经理人的会客室，托尼见到了几个重要的负责人。

处女座的托尼非常注重细节和卫生，而那天会见的人，却着实给托尼留下了一个"难忘的第一印象"。他说："那个主要负责人热情地坐在我身边，专注地介绍着中国保险业的前景，而我的大脑却无法离开他的鼻子，我根本没有听进去任何内容，我的思维全被那'红杏出墙'的鼻毛占领了！只要一看他的脸，我就产生强烈的欲望——要替他剪掉那扰乱我思维的鼻毛。我试图忘却他的鼻毛，把目光和注意力移到他头以下的部位，却又看到他肩上落着白花花的一层头屑，我忍不住作呕。为了礼貌，我只好又把目光放在他脸上。整个上午，我的大脑中只有两个画面——黑鼻毛、白头屑。待到中午吃饭时，我生怕自己被安排在他身边，借口讨论技术坐在另一个负责人身边。"

"小事是相对的，大事是绝对的"这样的真理，在特定的战场条件下，微小的量变可以引发巨大质变，忽视细节可能导致蚁穴溃堤的悲剧。

华为人认为精确是技术研发的第一要义，在技术资料中的不精确数字不但毫无意义，而且可能造成严重后果。《华为真相》的作者程东升对此有深刻的认识，他在相关文章中做了详细的论述：

2000 年 3 月，华为成立了资料开发部，专门整理、编制各种技术资料。为提高技术手册的质量，资料开发部总编办组织了一次归档资料突击测评。结果，一本 125 页的技术手册，在没有全部检测完毕时，就发现了 163 个文字、数字不规范，甚至是明显错误的地方。比如，"登录服务器"写成了"登陆服务器"。在另一页上，赫然印刷着"机房要能密封，直径大于 5mm 的灰尘浓度 $\leqslant 3 \times 104 \mathrm{mg/m}^3$"，实际上，直径大于 5mm 已经是颗粒很大的沙子了，不能称之为灰尘，在这样的机房是不可能放置交换机等设备的。原来"5mm（毫米）"应为"5μm（微米）"，可谓一个符号之差谬之千里。华为人认识到了细节的重要性，并一丝不苟地落实，终于把资料的错误率降到了合理限度内。

"专注细节，追求极致"是华为人任国栋一以贯之的设计原则。加入华为仅两个年头，这个充满想象力的设计师就用与众不同的 E5373 移动无线路由器，征服了来自世界各地的评委，捧走了"设计的奥斯卡"。

白色外壳、银行卡大小、L形金属按键，4G版MiFi移动路由器E5373继承了E5的优良DNA，把简约做到了极致：不开机你只能看到一个电源键和LOGO，其他的字符、指示灯都被小心地藏了起来。可当你按下开机键，隐藏的整个信息世界就会为你开启，红绿两种指示灯透过白色壳体闪烁着迷幻的光彩。

"好的设计要给人带来愉悦，让用户产生共鸣"，在任国栋看来，产品只是看起来舒服是远远不够的，它必须与感觉、情感有着千丝万缕的联系，让用户感觉到你在关心他，在为他们考虑。为了达到这个目标，包括E5373在内的E5系列一直坚持把好用易用摆在第一位，统一采用一键式开机，简化操作，让产品像天然的皮肤一样完美地契合生活。

除此之外，在细节上也尽量考虑每个使用场景，比如为了避免误碰按键，E5373特别把按键和壳体做成一个水平面，十分贴心。

只要在品质要求上略微放松一丝，产品研发的难度和周期都会大幅降低。但是，身为华为麦芒研发的总指挥，郑治泰对产品品质有着近乎极端的追求，对质量缺陷零容忍，拒绝"凑合"和"重营销轻产品"的观念早已根植心中化为信念。他和研发团队成员更多时候像"匠人"，精心雕琢每一个细节，为消费者打造一款高质量的产品。

麦芒B199的开发本来已经完成，但为了追求最优化的性能和质量，研发团队将交付时间推延了两个月。在这两个月里，团队为产品替换了更高级的处理器芯片方案，并完成了对应的架构调整和各种测试。在产品发货前，通话、信息、上网等基础功能操作需要满足7台手机连续跑800小时，不出现死机、报错、无响应等稳定性问题。而各种应用要求连续三次随机执行操作 6 小时，都不出现应用死机、无响应等问题。一般人容易忽略的音频、屏幕质量，郑治泰也坚决要求达到极致。

正是这种理想主义信念，造就出麦芒的高贵品质，尽最大可能让产品臻美。

第四节　小事是成就大事的细节

从小事入手，做任何事情都应从整体把握，大事小事都要办实办好。不谋全局者，不足以谋一域。提倡善办小事，并不是否定办大事，而恰恰是要着眼于大业和全局，把大事和小事都办实办好。

汤姆·布兰德，起初只是美国福特汽车公司一个制造厂的杂工，就是在做好每一件小事中获得了极大成长，最后成为福特公司最年轻的总领班。在有"汽车王国"之称的福特公司里，32 岁就升上总领班的职位，的确不是一件简单的事。他是怎么升起来的呢？

汤姆是在 20 岁时进入工厂的。一开始工作，他就对工厂的生产情形做了一次全盘了解。他知道一部汽车由零件到装配出厂，大约要经过 13 个部门的合作，而每一个部门的工作性质都不相同。

他当时就想：既然自己要在汽车制造这一行做点事业，必须要对汽车的全部制造过程都能有深刻的了解。于是，他主动要求从最基层的杂工做起。杂工不属于正式工人，也没有固定的工作场所，哪里有零星工作就要到哪里去。

汤姆通过这项工作，和工厂的各部门都有接触，对各部门的工作性质也有了初步的了解。

在当了一年半的杂工之后，汤姆申请调到汽车椅垫部工作。不久，他就把制作椅垫的手艺学会了。后来又申请调到点焊部、车身部、喷漆部、车床部去工作。不到五年的时间，他几乎把这个厂的各部门工作都做过了。最后他决定申请到装配线上去工作。

汤姆的父亲对儿子的举动十分不解，他质问汤姆："你工作已经五年了，总是做些焊接、刷漆、制造零件的小事，恐怕会耽误前途吧？"

"爸爸，你不明白。"汤姆笑着说，"我并不急于当某一部门的小工头。我以整个工厂为工作的目标，所以必须花点时间了解整个工作流程。我是把现有的时间做最有价值的利用，我要学的，不仅仅是一个汽车椅垫如何做，而是整辆汽车是如何制造的。"

当汤姆确认自己已经具备管理者的素质时，他决定在装配线上崭露头角。汤姆在其他部门干过，懂得各种零件的制造情形，也能分辨零件的优劣，这为他的装配工作增加了不少便利，没多久，他就成了装配线上的灵魂人物。很快，他就升为领班，并逐步成为15位领班的总领班。如果一切顺利，他将在一两年内升到经理的职位。

在工作中，没有任何一件事情，小到可以被抛弃；没有任何一个细节，细到应该被忽略。同样是做小事，不同的人会有不同的体会和成就。不屑于做小事的人做起事来十分消极，不过是在工作中混时间；而积极的人则会安心工作，把做小事作为锻炼自己、深入了解公司情况、学习公司业务知识、熟悉工作内容的机会，利用小事去多方面体会，增强自己的判断能力和思考能力。[1]

对个人来说，细节和小事是成功的基础；对一个企业来说，小事是成就大事的细节。细节就像是木桶上的缝隙，如果处理不好，裂纹就会变大。最终木桶会因为裂纹变大而随之裂开。也就是说，企业最终会因为这些细节没有做好付出惨重的代价。相反，如果做好细节，会使企业越做越好，越来越强大。

一天，一个法国农场主驾驶着一辆奔驰货车从农场出发去德国。一路上凉风习习，路况良好，农场主不由地哼起了小曲。可是，当车行驶到一个荒村时，发动机出故障了。农场主又气又恼，大骂一贯以高质量宣传自己的奔驰骗人。这时，他抱着试一试的心情，用车上的小型发报机向奔驰汽车的总部发出了求救信号。没想到，几个小时后，天空就传来了飞机声。原来，奔驰汽车修理厂的检修工人在工程师的带领下，乘飞机来为他提供维修服务。一下飞机，维修人员的第一句话就说："对不起，让您久等了。但现在不需要很久了。"他们一边安慰农场主，一边开始了紧张的维修工作。不一会儿，车就修好了。"多少钱？"看见修好了，法国农场主问道。"我们乐意为您提供免费服务！"工程师回答。农场主本来以为他们会收取一笔不菲的维修金，听到回答农场主简直大吃一惊："可你们是乘飞机来维修的呀？""但是是因为我们的产品出了问题才这样的。"工程师一脸歉意，"是我们的质量检验没做好，才使您遇到了这些麻烦，我们理应给您提供免费服务的。"法国农场主很受感动，连连夸赞他们，夸赞奔驰公司。后来，奔驰公司为这位农场主免费换了一辆崭新的同类型货车。100多年来，奔驰得以永葆自己青春的法宝是什么？是对服

1　梁汉桥.你在为谁工作.北京：中国致公出版社，2011.2

务细节的重视。优质的服务让奔驰跑得更快。正是这种一个细节都不放过的服务精神，才造就了奔驰今天当之无愧的汽车王国的地位。

任何对细节的忽视，都可能导致决策失误。细节的战略异常重要，注重细节，懂得做好细节的企业和个人，最终会取得成就。

一位华为人记录了这样一件事："在一系列的需求响应中我们可以看出，华为的答复中'YES'的项最多，24小时随叫随到的本地化服务，哪个公司能和我们在这方面相比？在客户中的印象也是如此。但是，我们仍然要辨清什么是真正的客户需求。客户提个'需求'，一定要搞清楚，他提这个'需求'的细节，其背景、意图、迫切程度和决心。前面的需求，之所以打引号，是因为我觉得有些根本就不是客户的需求。例如，你和某个客户基层的维护人员沟通中，客户突然说系统应该这样做才对，你立马就要打电话或发邮件回企业确认：'我们能不能改成那样啊，客户说要这样搞的。'没必要，在没有做全面客户调查的基础上，不能凭主观判断什么是客户的真正需求。前往支持的人员一定要有一双火眼金睛，把好需求关。当然，这里影响落单的需求除外，只要合适做，怎么都得答应的，而且是无条件满足。辨明需求，采取合适的方法和策略，把我们的诚心和努力恰当地表现出来，这就是支持。'心诚所至，金石为开啊'，这是华为阿联酋办事处的前辈在几年坚持不懈地交流并最终获取了阿联酋第一个大单时，发的一句感慨！"

第五节　尽心尽力，把每个细节做好

1976 年 8 月 18 日上午，在朝韩边境的"三八线"上发生了一次令世界震惊的边防冲突，冲突是由一棵碍眼的树引发的。

在"三八线"上，联合国官兵发现在韩国的一侧，一棵长大的树变得碍眼起来，因为它挡住了韩国第三哨所和朝鲜第五哨所之间的视线，于是他们准备砍掉这棵大树。

1976 年 8 月 18 日上午 10 点半，联合国军方面派出的官兵带着斧头去砍那棵树。在砍树的时候，朝鲜军方突然派兵冲到现场，要求停止砍树。

于是，一场群殴发生了。随后赶来的朝鲜人民军士兵用斧头棍棒与联合国军殴打起来，冲突只持续了 4 分钟，但是损失却非常严重，联合国军的一名美国士兵当场死亡，有 4 人重伤，朝鲜方面的伤亡人数也不相上下。

一场因为一棵树的边防冲突看上去就这样落下了帷幕，但是故事却远远没有结束。就在冲突结束之后，朝鲜方面将砍树的斧子当作战利品带了回去。很快，朝鲜人发现斧头上写着"Made in Austria"，翻译过来应该是"奥地利制造"。但是朝鲜的翻译官犯了一个巨大的错误，竟然翻译为"澳大利亚制造"。

随后，这个错误的负面效应发酵了，朝鲜政府高层很快为这把斧子震怒起来，他们没有想到，与自己建交的友国澳大利亚居然给美国提供武器。于是，朝鲜政府当即与澳大利亚断绝了"宝贵的"外交关系。

而这一断交，使朝鲜从此多了一个敌人，少了一个宝贵的朋友，让两个原本友好的国家在之后 25 年冷面相对。

直到 2000 年，误会才得以解除，朝鲜与澳大利亚恢复外交关系，但是这个误会造成的恶劣影响却无可估量。

两个国家就这样错过四分之一个世纪，在四分之一个世纪的时间里，可以创造的东西没有创造，可以沟通的东西没有沟通，可以改变的东西没有改变。

历史像是开了一个巨大的玩笑，而这个玩笑是怎么产生的呢？只是因为一次粗心的翻译。

埃及有句谚语是这样说的："错误从来不小。"因为一个小小的错误，真的有可能改变整个世界！[1]

关注细节的人，认为工作中从来就没有小事。麦当劳的创始人克洛克说过："我强调细节的重要性，如果你想经营出色，就必须使每一项最基本的工作都尽善尽美。"

在全世界，人们都会问"世界上最伟大的推销员"乔·吉拉德一个同样的问题：你是怎样卖出东西的？

生意的机会遍布每一个细节。多年前他就养成一个习惯：只要碰到人，左手马上就会到口袋里去拿名片。

"给你个选择：你可以留着这张名片，也可以扔掉它。如果留下，你知道我是干什么的、卖什么的，必要时可以与我联系。"所以，乔·吉拉德认为，推销的要点是，并非推销产品，而是推销自己。

"如果你给别人名片时想，这是很愚蠢很尴尬的事，那怎么能给出去呢？"他说，恰恰那些举动显得很愚蠢的人，正是那些成功和有钱的人。他到处用

1　张翔.一把斧头引发的国际误会.文苑，2008（6）

名片，到处留下他的味道、他的痕迹。每次付账时，他都不会忘记在账单里放上两张名片。去餐厅吃饭，他给的小费每次都比别人多，同时放上两张名片。出于好奇，人家要看看这个人是做什么的。人们在谈论他、想认识他，根据名片来买他的东西，经年累月，生意便源源不断。

他甚至不放过看体育比赛的机会来推广自己。他买最好的座位，拿了1万张名片。而他的绝妙之处就在于，在人们欢呼的时候把名片扔出去。于是大家注意了乔·吉拉德——已经没有人注意体育明星了。

在全世界，到处有人问乔·吉拉德卖什么。他说，是全世界最好的产品——独一无二的乔·吉拉德。

年轻时的洛克菲勒刚进入石油公司工作时，由于学历不高，也没有什么技术，因此被分派巡视并确认石油罐盖有没有自动焊接好，这是这个石油公司最简单的工作岗位，连3岁小孩子也能胜任。

每天，洛克菲勒眼盯着焊接剂自动滴下，沿着石油罐盖转一圈，看自动输送带再把石油罐移走。工作平凡又枯燥，像一般人那样，洛克菲勒干不到几天，就开始厌倦这项工作了。他申请调换其他工作，终因没有技术而作罢。

无法可想的洛克菲勒只好重新回到这个平凡的岗位，他想：既然不能换更好的工作，就把这项工作干好再说吧。

于是，他更加认真地观察、检查石油罐盖的焊接质量。这时候，公司正在推行节约计划，洛克菲勒想：我这项工作是不是也可以节约某项程序？

他发现每焊好一个石油罐盖，焊接剂要滴落39滴，而经过周密的计算，结果是实际上只要37滴焊接剂就可焊接好一个石油罐盖。但是，这个方法并不实用。

他并不灰心，经过测试，他终于研制出"38滴型"焊接机。也就是说，用这种焊接机，每次比原来要节约一滴焊接剂。尽管节省的只是一滴焊接剂，可"38滴型"焊接机一年为公司节省了500万美元的开支。洛克菲勒就此一步步走向成功。

关注细节的心态会促使一个人把自己的优秀体现在一个个细节中，他们对细节的关注给顾客带来的是一种体贴入微的舒心感，而他们成功的机遇，也往往是从重视这一个个细节中获得的。老子曾说过："天下难事，必做于易；天下大事，必做于细。"可见，如果我们想让自己变得更优秀，成就一番事业，就必须注重细节，尽心尽力地把每一件最简单的小事做好。

华为公司的研发团队能从小作坊发展成"大部队"，贵在管理；管理又贵在细节，贵在做管理工作的人和基础的管理体系。"没有规矩不成方圆"，华为建立起先进的管理流程，建起了"规矩"，但更重要的是扎扎实实地执行。执行靠的是技术管理队伍在研发管理的各个细节上做"立规矩"、"监督执行"的"黑脸"。而华为不以暂时的成败"论英雄"、公平的价值评价体系，更是成就了华为研发团队的卓越管理。

第六节 毁灭只因细节管理的松懈

社会上流行一个词叫"差不多"。当你问某公司老板今年发展怎么样？他回答差不多。再问公司管理得怎么样？还是差不多。年终总结怎么样？差不多。来年计划怎么样？差不多。发展目标确定了吗？差不多。工作做得怎么样？差不多。对象谈得怎么样？差不多。学习学得怎么样？差不多。生活过得怎么样？差不多。你家庭幸福吗？差不多。就因为这些差不多使组织管理、家庭管理及个人管理差了很多。

西方流传的一首民谣：丢失一个钉子，坏了一只蹄铁；坏了一只蹄铁，折了一匹战马；折了一匹战马，伤了一位骑士；伤了一位骑士，输了一场战斗；输了一场战斗，亡了一个帝国。马蹄铁上一个钉子是否会丢失，本是初始条件的十分微小的变化，但其"长期"效应却是一个帝国存与亡的根本差别。这就是军事和政治领域中的所谓"蝴蝶效应"，那么对于我们现代企业的发展来说，我们的"蝴蝶"又在哪里？应该说，我们每个人的每一次细微的工作，敲定一个符号、纠正一个错误、修正一个计划、回访一个客户……这些微小的行为都和企业的兴盛有内在的逻辑关系。

1995年2月26日，英国中央银行英格兰银行宣布了一条震惊世界的消息：巴林银行不得继续从事交易活动并将申请资产清理。10天后，这家拥有233年历史的银行以1英镑的象征性价格被荷兰国际集团收购。在全球范围内掌控270多亿英镑资产的巴林银行，竟是毁于年龄只有28岁的尼克·里森之手。尼克·里森是英国一个泥瓦匠的儿子，从未上过大学。1987年，他加入摩根斯坦利，成为一名从事清算工作的内勤人员，其职责是确保每笔交易的入账和付款。里森于1992年在新加坡任期货交易员时，巴林银行原本有一个"99905"的"错误账户"，专门处理交易过程中因疏忽造成的错误。这原是金融体系运作过程中正常的技术手段之一。伦敦总部要求统一使用原来的99905的账户来与伦敦总部联系，但里森已经建立的88888错误账户却没有被销掉。就是这个被忽略的"88888"账户，里森利用这个账户掩盖自己的失误。几天后，由于日经指数上升，账户损失 6 万英镑，里森决定继续隐瞒这笔损失。结果损失越来越大，以至于一发不可收拾，走上冒险赌博之路，里森带来的损失达到 8.6 亿英镑，这是巴林银行全部资本及储备金的 1.2 倍，最终把巴林银行送进了坟墓。一个银行的区级职员就能将一个世界级银行毁灭，对管理细节的忽略是导致这家古老银行倒闭的主要原因。[1]

"千里之堤，溃于蚁穴"说的就是这个道理。土白蚁为害隐蔽，行踪诡秘，即使河堤土坝受害已经十分严重，但从外表看依然完好无损。由于土白蚁不断在河堤土坝上分群、蚕食、筑巢，导致河堤土坝内蚁巢越来越多，大堤已经被慢慢掏空了。一旦汛期到来，水位高涨，水流渗入蚁道、蚁穴，立刻就造成渗漏、堤坝毁坏。可见，白蚁确实可以造成长堤溃决的后果，必须进行科学、细致地观察和研究，才能防患于未然，任何麻痹和对细节的忽视都会带来难以想象的后果。

一位毕业生找到了一份工作，他每天都热情地从一点一滴的小事做起，复印、传真、打电话、接电话等琐碎的事情从来都不嫌麻烦，有不懂的地方总是及时向别人请教。

有一天早上，经理叫他去银行汇一笔钱给一个香港客户，他接到任务后马上带着准备好的对外汇款材料到银行，认真检查了金额、日期、发票、合同，确信没有问题之后交付了。

没想到第二天中午，毕业生就被经理叫到办公室。经理的脸色很难看，第一句话就问他："你给香港付款的账号写的是多少？"毕业生马上意识到账

1　王文明.《道德经》与企业细节管理.企业文明，2012.5

号有可能出了问题，仔细对比后，他发现，因为账号是客户方面通过短信发给自己的，而他在把账号记下的时候，最后一个数字正好换行，他没有把短信继续翻下去，故而漏掉了最末尾的一个数字。后来通过多方面和银行沟通，才把这笔钱汇到了客户的账号上。

由于资金没有及时到账，导致客户那边不能按时发货，损害了公司信誉，也造成很大的经济损失。

这件事情说明，有时候尽管你为一件事做了99%的努力，但也许仅仅因为1%的疏忽，前面的努力都会归零，甚至成为负数。这是忽视细节的严重后果。

所以说，对于100件事情，如果99件事情做好了，一件事情未做好，而这一件事就有可能对某一公司、单位及个人产生100%的影响。[1]

一位华为人记录了这样一件"小事"：

海外支持"洋名"必不可少，其实就是英文名。我们常常犯一个错误，知道客户的英文名，却不知道自己同事的英文名。大家都作为华为人，以一个集体的身份出现在客户的面前，记住你同事的英文名是和客户进行良好交流的基础。

举个例子，经常有这样的情况，客户找不到Justin（我公司人员张三），打电话给你，而你却不知道张三就是Justin，无法帮助客户找到他，客户此时会觉得非常的不可理解，常常反问：你不是华为的吗？简简单单一个英文名也会让我们公司的形象大大受损。所以，海外支持，小事不小，处理好文化

1 邢群麟，姚迪雷.赢在细节.北京：华夏出版社，2008.2

差异，于细微之处可建立良好的工作关系。

　　企业是怎样前进的呢？它是通过两个途径实现的，一个途径是最大限度地发挥优势，尽可能地"扬长"；另一个途径就是不断地揭短、克服危机，并加以改进，最大限度地"避短"。人们往往注重扬长，而比较忌讳避短，无意之中使自己成为跛足。有这样一句话："成绩不讲逃不了，问题不摆不得了。"华为把小问题摆在了桌面上，有效地避免了危机的发生。

HUAWEI

第二章

时代要求精细化管理

第一节　微利时代要求精细化管理

　　市场的激烈竞争导致了利润空间逐渐缩小，整个经济进入了微利时代。企业的管理者普遍感到获利减少的压迫感。任何一个行业，只要利润空间稍大，就必然会导致大量资本短期迅速进入，竞争自然猛烈加剧，利润率陡然下降。进入微利时代，经营者除了赚钱的思路和观念需要及时调整、转变、更新外，还需讲究赚钱的方式、方法。

　　其实，微利时代并不是什么特殊的岁月，相反，"微利"恰恰是经济生活的本来面目，是行业成熟的表现。一个企业或者产业，从高利润阶段步入平均利润阶段，再进入微利时代，正是发展的基本规律之一。在这种环境下，挖掘到蓝海是每个企业家都梦寐以求的。但事实证明，任何一块蓝海出现以后都会迅速被抹红，蓝海从来只是一种短暂的"出奇"现象，微利才是企业真正的"守正"之道。

　　在经济发展的太平盛世，对于"微利"这样的平淡生活，企业家大多都还能"得过且过"。但是，碰上经济不景气，对于能否保住"微利"，企业家们也开始人人自危。

　　"中国绝不缺少雄韬伟略的战略家，缺少的是精益求精的执行者；绝不缺少各类管理制度，缺少的是对规章条款不折不扣地执行。"国内有不少企业"企业形象轰轰烈烈、经营效益羞羞答答"，原因之一就是具体实施远大目标时，缺乏对细节的执着追求，加上执行的偏差，从而导致许多美好的计划到最后一个环节就已经变得面目全非了。

专业化的影响、市场经济的发展促成了专业化的竞争，国际上许多优秀大企业都是上百年专注于一个领域，把工作做足做细然后再涉足相关领域，而不是到处插手，盲目多元化。企业若在专业化上下足功夫，把产品做精，把质量做细，一定会获得高速的成长。浙江、广东的很多企业在这方面有成功的经验，像杭州万向集团就是典型代表，它集中生产汽车万向节，实施"生产专业化，管理专业化"，之后又实现"产品系列化"。2003 年，万向集团老总鲁冠球位居中国富豪榜第 4 名，资产 54 亿元。可以说，随着社会分工越来越细和专业化程度越来越高，一个要求精细化管理的时代已经到来。

万科董事长王石说："万科的下一个十年要致力于精细化。精细化是未来十年的必经之路。"日本企业非常注重精细化管理，丰田汽车的零库存就是精细化管理的产物。并且他们不但在自己的管理上精益求精，在寻找合作方时也非常注重这一点。

日本的软件企业寻找合作伙伴的过程很有个性。刚开始的时候根本就不谈具体的合作内容，只是一次又一次地派人来考察。从 1997 年 5 月到 1998 年 6 月，NEC 一共派了 16 批人到创智进行考察，最多的一次来了 24 人。每次来的人的头衔和部门都不同，每次都让中国的企业把自己的情况介绍一遍，再提一大堆的问题，在公司什么都看，什么都问。

有一点令中国企业的管理人感到非常奇怪，就是他们在谈判的时候，几乎是轮着班地去上卫生间。开始这位负责人王经理以为他们是"水土不服"，但是他们都客气地回答"没有关系"。为什么那么礼貌的日本人有如此奇怪的举动？

后来和 NEC 合作成功，关系比较熟了，这家中国企业的王经理问他们，他们才说，中间溜出去上卫生间其实也是一种考察。他们认为，一个企业管理得好不好，要看它最细微的地方和最容易被忽视的地方。他们认为，这个企业的卫生间是否干净整洁，最能体现其细节管理是否到位。如果一个企业有干净明亮的大厅，卫生间却污渍斑斑，那么这个企业的管理就存在问题。

他们考察中国这家合作企业的洗手间时，发现里面不但干净整洁没有异味，更有一张小小的字条打动了他们，那就是贴在小便池前的一句话："向前一小步，文明一大步——请滴水入槽。"他们认为，这家企业能注意到这么细节的问题并且能做得很好，相信把他们的软件系统发包给这家企业也会做得很好。虽然当时和这家企业竞争的对手中，有的是实力比他们强大好几倍的企业，但是最终 NEC 选择了和这家企业合作。

就是这 1% 的细节，决定了他们得到 NEC 的生意。在产品严重同质化的情况下，你只有把你的产品或服务打造成精品，才能被客户欣赏和接受。

细节直接关系着企业的运营成本。

1999年，员工总数达 15000 名的华为给员工们算了一笔账，在一个月内：

每个员工每天多打一个闲聊电话：黔南山区 10 个孩子一年的学费；

每人每天浪费一两米饭：可以购买 2000 公斤优良稻种。

华为公司坚持从小处严抓铺张浪费，很多部门的墙上都贴有"下班之前过五关"的卡通画，以提醒工作人员下班之前别忘了关掉电灯、电脑、门窗等。华为内部曾经做过统计，通过加强培养随手关闭电源的习惯，每月可节约电费几十万元。公司为节约纸张，要求员工不要把报废的打印纸随意丢弃，一定要再利用，公司甚至给员工建议了一种利用方法——在背面贴报销单据。

从打扫卫生到财务分析会议，每一件事都可能成为重大的事，华为人能从最小的行动中，预见其最终的结果，因此，每一个行动都值得给予同样的密切关注，重要的是别忽略细节。

华为成立于 1988 年，当时，通信产业正处于逐渐替代 PC 产业、成为全球经济新的龙头产业的阶段。华为面临有利的市场环境：一方面，中国通信市场正处于高速发展时期；另一方面，已占据中国市场的国际巨头，如朗讯、爱立信、西门子，都是实力异常强大的跨国公司。

今天的华为与 20 年前确实不一样了，华为今天所处的环境和面临的形势也不一样了。随着通信行业逐渐向微利的传统行业转型，华为曾经拥有的天时地利将不复存在。

第二节　细节化成就专业化

专业化水平是衡量一个企业核心竞争能力的重要标准之一，如何具有并提升专业化水平就成了一个组织不懈的追求。实际上，专业化能力和水平也是战略执行的重要能力，尤其是战略出现偏差时，具有专业化能力和水平的组织就能够及时调整并完成战略执行。提升专业化能力和水平有不

同的路径，在此只谈论细节管理的重要性，在许多时候能否做好最细节的
事就成了能否拥有专业化能力的标准。

密斯·凡·德罗是20世纪世界四位最伟大的建筑师之一，当今全美国最
好的剧院不少出自德罗之手。在被要求用一句最概括的话来描述他成功的原
因时，他只说了五个字"魔鬼在细节"。他反复强调的是，不管你的建筑设
计方案如何恢弘大气，如果对细节的把握不到位，就不能称之为一件好作品。
细节的准确、生动可以成就一件伟大的作品，细节的疏忽会毁坏一个宏伟的
规划。德罗在设计每个剧院时，都要精确测算每个座位与音响、舞台之间的
距离以及因为距离差异而导致不同的听觉、视觉感受，计算出哪些座位可以
获得欣赏歌剧的最佳音响效果，哪些座位最适合欣赏交响乐，不同位置的座
位需要做哪些调整方可达到欣赏芭蕾舞的最佳视觉效果。他在设计剧院时要
一个座位一个座位地去亲自测试和敲打，根据每个座位的位置测定其合适的
摆放方向、大小、倾斜度、螺丝钉的位置等等。

我们每天上下班在马路上开车，有一个细节可能大家都注意到了，就
是马路上有许多的下水道、电信检查井等井盖，也称马葫芦盖，中国大街
小巷的马葫芦盖都高低不平，要么凸出地面许多，要么凹下地面很多，开
起车来颠簸得很，但是在美国，在欧洲，也同样是在大街小巷，也有与中
国一样多的马葫芦盖，却都是很平的，开起车来很舒服，同样一个小小的
细节，只是在施工时细致地做好就可以了，但中国的城建却恰恰没做到，
于是，数以亿计的人就只有在高低不平的马葫芦盖上受颠簸之苦了。

专业的创新来自于一个个细节的灵感与智慧。企业的细节是不断变化

的，这就要求每一位员工注意不断观察、研究、思考解决变化的新情况、新问题，从日常工作细节中进行创新，考虑别人未想到的，做别人未做到的，争取事事领先，从而抓住发展新机遇。当每一个细节都做得尽善尽美的时候，成功的一刻也就来到了。企业的项目如果能够在每个细节上都从客户角度改进，自然就实现了项目的整体大创新。

专业能力水平的提高来自于细节的积累。古人云："骐骥一跃，不能十步；驽马十驾，功在不舍。"在工作中，我们需要了解很多东西，而又总会遇到许多我们所不知道的东西，我们学习了，就知道了。能力水平就是一个大仓库，需要我们有许多新的东西去不断填充。工作是学无止境的，只有勤于学习的人，利用各种机会不断细致地积累知识的人，方可增加学识，赢得专业化的尊重。[1]

著名经济学家吴敬琏教授曾指出。民营经济应该走精细化发展的路子，具体表现在专业化、归核化和国际化。其中，专业化发展是精细化发展的前提，而专业化必须要做到企业内部的产业专业化、管理专业化和资本专业化。产品专业化是指在单一或主要产业内做到又红又专，在消费者面前要红，就必须在产品上专，在工艺设计、核心技术乃至服务体系上，都要紧紧围绕着"专"字做文章；管理的专业化则主要表现在通过职业经理人的方式，来组建高效的管理团队；在资本的专业化方面，由于民营企业本身的发展限制，在资金、人才等资源相对贫乏的情况下，应该集中有限的优势，专攻某一产品的特定区域市场。

要想做精，只有从专业入手。专业化是精细化的途径，做专才能做精。而实行专业化，就要求着眼于长远发展。粗放式经营的企业，大都力求短

1　陈江.细节成就职业化与专业化.北大纵横，2008.3

期效益，期望通过广告轰炸或其他一些所谓的"绝招"，使企业一夜暴富，而不愿意在管理上下功夫，做长期的耐心细致的工作。现在一些企业大打价格战，实在是一种在缺乏品牌效应情况下的无奈选择。与此相应，那些企业采取广告战、价格战等方式寻求发展突破，是粗放式管理的一种表现形式。这些企业不努力挖掘企业内部的潜力，是难以持久的。

1981 年于瑞士成立的罗技电子（Logitech）是全世界知名的电脑周边设备供应商，当初罗技只是依靠生产鼠标和键盘进入电脑周边设备行业。鼠标和键盘是电脑最基本、最不可缺少的外设配件，同时也是价钱较低获利较少的配件，因此对于电脑行业的巨头们根本无法产生吸引力，这便给了罗技一个契机。从此，罗技走上了鼠标和键盘生产专业化道路，经历了数年的努力，罗技不仅在该行业站稳了脚跟，而且已然成为全球最大的鼠标和键盘生产供应商。

这对中国的企业尤其是中小企业有很大的借鉴意义。中国 95% 的企业都是中小企业，多元化基本上是陷阱而不是馅饼。中国的企业如果能在专业化上下足功夫，把产品做细，把质量管理做精，一定会获得高速成长。

在 1999 年之前，华为依靠个人努力和集体突击偶尔能推出优秀产品，IPD 推行后，华为终于可以制度性、体系化地推出有竞争力的产品和解决方案，因此 IPD 代表的是产品管理的精细化。

第三节 细节拉开同质化距离

同质化，可能是我们在市场经济时代遇到的一个最具普遍性的问题，也是一个决定企业生死存亡的问题。冲破这个藩篱的企业必然鹤立鸡群，没能冲破这个藩篱的企业必定每况愈下，直至死亡。对一个企业如此，对一个企业的某项具体业务也同样如此。

现在社会科技迅猛发展，生产力极速提升，各行业由此也创造出了海量的产品和服务。海量的产品和服务必然导致市场竞争的日益加剧，技术创新、工艺创新自然就成为各个商家在竞争中追求的核心价值。然而，随着信息技术和物流的高速发展，一项新的技术发明、一个新的创意瞬间就可以传播到世界各地，被无数的商家去模仿和借鉴。同质的产品和服务也随时加入到市场中来，过去那种"一招鲜吃遍天"的时代已很难再现。同质化竞争已是各商家必须痛苦面对的现实。

在美国，每个人每天要经受570件次的广告轰炸，一个人在互联网上平均每天要经受3700次的广告轰炸，他们必须要从1200双鞋子中选鞋子、从138种牙膏中选牙膏，从175种香烟中选香烟。

在中国，我们必须从295种电冰箱中选电冰箱、从478种化妆品中选化妆品、从575种衬衫中选衬衫，从810种糖果当中选糖果。

而且这些只是品牌，在每一个品牌下面还有数量不等的单品。

比如：在美国专利局注册的商标中，大约有45万个仍然有效，每年还要增加2.5万个新商标。

仅仅在糖果市场，大约就有 24 万个糖果单品。

毋庸置疑，今天，我们面对的是一个产品极大丰富、消费日益饱和的社会，人们刚刚还在享受着物质丰富所带来的满足感，接着却不得不面对同质化的尴尬，产品之间的差异越来越小，消费者已经很难分清不同品牌产品之间的物质性差异究竟在哪里。当你在各大电脑城转悠时，无论走进哪一家 PC 经销店，销售人员都会塞给你一张密密麻麻写满了配置和价格的宣传单页，此时你会觉得所有品牌的 PC 都被解析成了 CPU、硬盘、内存……它们之间似乎只有配置高低的区别。虽然我们不否认某些品牌的 PC 在可靠性、易用性等方面确实高人一筹，但总的来说，各品牌之间在产品技术层面的差距已经越来越小，独特的东西已经芳踪难觅。[1]

产品同质化，使得产品竞争愈演愈烈，随之而来的价格竞争更让厂家和商家下气力进行一番"火拼"。如"买一赠一"、"买 1000，返 300"等等，乐不可支的消费者从同质化的产品中找质量、找品牌、找创新、找服务。在他们货比三家后，才能冷静地做出选择。待价格战结束后，赢者所剩利润寥寥无几。产品同质化对买家有利，对卖家和生产商来说，可得大动脑筋，通常表现为挤压产品价格，凸显创新个性，提升服务水平。即使是这样，最后参与 PK 的商家和厂家，也须使出浑身解数,血拼一番。就拿"中美苏"（大中、国美、苏宁）电器产品大战来说，同质化的产品比较突出，如彩电大战、冰箱大战、空调大战、手机大战、数码产品大战，很多都由这三家发起，并打得不亦乐乎。最终谁胜谁负？各有千秋。开始拼价格，现在价格基本下沉到最底线，开始拼售前、售中和售后的服务，最终受益者是消费者。

在同质化竞争激烈的市场背景下，我们也可以看到，客户在选择产品

1　王汉武.引爆.北京：新华出版社，2007.7

时仍有明确的价值判断，那就是选择那些在某些方面与自身的需求有契合点的产品，哪怕是细小的"差异"。差异化竞争策略已成为商界和学术界共同关心的话题。可以说"差异化就是创新，差异化创造核心竞争优势"已成为商家的共识。在当前需求萎缩的经济形势下，创造"差异化"价值应是一种有效的竞争利器。

现在商家都在宣传自身产品的独特性和优势，作为消费者，我们早已厌烦了商家自吹自擂的商业广告宣传，还有类似的夸张手法。我们在同一品类的商品不同的商家中随手拈来一条他们的宣传标语，就会发现我们根本无法辨别两种商品的差异是什么，即便是有细微的差异，但对于消费者没有丝毫的意义。人们常说"魔鬼就藏在细节里"。但太多的例子证明，商界已经沦落到这样的境地：企业非常巧妙地把毫无意义的细微差异包装成为真正的差异，这是产品同质化时代真实的写照。

那么，如何创造出客户认可的差异化，如何用"差异化"将自己与竞争对手区别开来，并形成核心竞争优势？这涉及商业活动的各个环节，包括企业战略、企业管理、产品规划、产品设计、产品生产、市场推广以及售前、售中、售后的服务等等。每个环节都能"设计"出自己的差异化，都能创造出差异的价值，这需要企业从小处着眼，从细处着手，从而使整个企业从决策到每一个工序都要进行精细化管理，可以想像一个粗放型管理的企业是难以产生出有核心价值的"差异化"竞争优势的。精细化管理需要的是在充分了解和掌握客户多方面深层次需求的基础上，再在各个环节的细节上加以研究和落实后形成制度。所以说，"细节成就差异化竞争力"，赢在细节。

海底捞餐饮董事长张勇认为，服务无大小，细节往往最能打动人，创新也无须绞尽脑汁，但要善于发现。现在，无处不在的细节服务已经成为海底捞最大的特色。张勇说："所谓特色就是你比别人多了一点点。"而正是这"一点点"为海底捞赢来了口碑，也赢来一天翻台 7 次的效益。

总而言之，一个粗放型管理的企业是难以产生出有核心价值的"差异化"竞争优势的，最终的结果必然是陷入困局。想要在竞争激烈的市场取得一席之地，就必须在包括企业战略、企业管理、产品规划、产品设计、产品生产、市场推广以及售前、售中、售后的服务等等各个环节中"设计"出自己的差异化，通过细节创造出差异化价值，从小处着眼、从细微之处入手，切实做到从决策到每一个工序的精细化管理。

为了深层次地了解最终用户的需求，华为曾在多个国家和地区对影响用户选择业务的 10 个因素进行过调研。调查结果显示：人们对通信业务的选择已经呈现出多种因素共同影响的局面，其中最重要的因素是收入与年龄。在进一步对不同年龄消费人群的分组调研中，华为发现不同的年龄段，在业务选择上存在较大的差异。其中，对于年轻人来说，增值业务提供能力、群体业务同质化等因素则成为重要考虑因素。

由此可见，不同用户群的差异化业务需求，既为通信行业带来了进一步细分市场、将"蛋糕"做大的机遇，也带来了如何吸引用户、变机会为盈利空间的挑战。传统的粗放式经营显然已经无法满足不同用户群的差异化业务需求，只有进一步地细分市场、细分用户、细化需求，才能成为更加宽泛的新一轮竞争环境中的赢家。

第四节 细节决定企业成败

18年蝉联中国冰箱市场第一名，海尔冰箱保持这种持久奇迹的战略与策略受到空前关注。日本电波新闻指出"把目标指向全球冰箱市场第一位的海尔，接下来会拿出什么样的战略及策略正受到关注"。而这些来自企业层面、行业层面的大词汇并不会令个体的消费者产生兴趣。

拥有18年国内冰箱第一竞争力的海尔向消费者展现的并不是它作为世界品牌高高在上的宏伟战略与高深策略，而是冰箱产品生产环节中的每一个细节：这正是消费者所唯一关心的产品的诞生过程。

要解读这些细节，涉及的词汇会很多，比如呵护、尊重、苛刻，甚至是吹毛求疵的刁难。

"一台冰箱工作了20年，工作状态仍然让主人满意。"这个发生在海尔东营用户家中的"冰箱寿星"故事，经媒体报道后，在消费者中间广泛流传。欧美发达国家确定的冰箱使用年限为13年到16年，我国一般是10年，20年无故障运行成了海尔冰箱质量领先的最好证明。

"只有产品质量靠得住，消费者在使用时，才能称得上享受冰箱给生活带来的便利和舒适。"海尔冰箱市场部负责人表示，海尔为了保证到用户家中的冰箱质量靠得住，会首先给自己设置无数苛刻的障碍，即在每一个批次的冰箱上市前，先在试验室里进行用户模拟试验，试验通过了才能上市。

一个试验的细节就能够折射出海尔对冰箱质量的苛刻要求：为了防止冰箱在用户家中被菜汤或者擦拭内胆的洗涤剂腐蚀，海尔会先用一定浓度的棉籽油、油酸按照 1：1 的比例进行两个月的耐腐蚀试验，直到合格后才允许生产、销售，而这样的试验条件在用户的实际使用中几乎是永远遇不到的，或者即便是遇到了，海尔冰箱也能克服。而类似苛刻的试验还有很多，但目的只有一个，那就是让用户满意放心。

细节决定竞争力，对于个人来说，同样具有很重要的意义。

重庆的一次招聘会上，当众多求职者争先恐后挤向招聘台，引起秩序混乱时，一名重庆交通学院工程系的应届毕业生主动维持了秩序。一家门槛很高的用人单位拒绝了不少名校的学生，而当他递上简历时，招聘者告诉他，如果愿意，马上就可以签约。

一边是名牌大学的毕业生，一边只是来自一所普通工科院校的毕业生。乍看之下，竞争的天平无疑倾向前者，然而结果完全相反。这看似出乎意料的结果其实却合乎情理——当招聘者对素质有了入木三分的认识，并且将这种认识落实在招聘标准上的时候，除了这个结果难道还会有别的结果吗？经过比较与鉴别，如今许多用人单位已越来越看重求职者为人处世的态度以及团队精神等。重庆招聘会上的一幕，就是又一个活生生的佐证。

10 年前沃尔玛开始实施"三八法则"时，许多人不理解，不就是笑吗，还搞得那么复杂。三八法则，即顾客走到离你三米远时，要露出八颗牙齿对顾客微笑。这就是细节管理，将管理做到极致。

沃尔玛在国外有一个定律，即五公里死亡圈，也就是说，开一家沃尔玛超市，五公里内的其他超市均要面临倒闭的局面。在美国，做一个超市即成功一个。沃尔玛在中国发力，杭州新开一个沃尔玛超市，在新开的沃尔玛对面的联华超市只坚持了一个星期便宣布关门，在五公里内的欧尚、乐购相信都会有不少压力，这就是沃尔玛以细节制胜带来的影响。

企业在产品和服务上有某种细节上的改进，也许只给客户增加了1%的方便，但是在市场占有的比例上，这1%的细节会引出几倍的市场差别。原因很简单，当客户对两个产品做比较之时，相同的功能被抵消掉了，对决策起作用的就是那1%的细节优势。对于客户的购买选择来讲，是1%的细节优势决定了100%的购买行为。所以微小的细节差距往往是市场占有率的决定因素。

细节已经成为企业竞争的最重要的表现形式，所谓"针尖上打擂台，拼的就是精细"，所以，今后企业的竞争将是细节的竞争。企业只有在细节上做足功夫，建立"细节优势"，才能保证基业长青。

由于"中国制造"传统上给人廉价低质的印象，华为要想在电信这样的高科技领域站稳脚跟，首先就要消除客户对"中国制造"的顾虑。在了解中国，尤其了解中国经济日新月异发展的基础上，让客户了解华为这个公司的文化和发展情况也对加深相互信任至关重要。

一方面，华为大力邀请客户来考察中国、考察华为。华为流行的一条"新丝绸之路"，是从北京入境，再之后到上海、深圳，然后从香港出境，或者从香港入境，再到深圳、上海，再到北京出境。这条路线不仅使客户了解了中国的改革开放成就，也认识了华为。此外，华为还印了很多画册，取名《华为在中国》，把中国的一些好风景、好建筑拍成照片，同时附上华为产品的应用情况，这也可以帮助客户了解中国、了解华为。据说现在华为带动的中国文化已经在俄罗斯掀起了一个小高潮，很多客户也开始喜欢喝绿茶不加糖了。

另一方面，各种展览会和论坛也是华为扩大影响的重要举措之一，无论是北京的中国国际通信展，还是香港3G大会、俄罗斯电信展、美国电信展等，华为都不放弃机会来宣传自己。利用每个展会，华为都邀请世界各地的客户来了解自己、加深沟通，大大增强了华为的品牌和在客户中的印象。[1]

1　彭勇.华为抓住时机开拓国际市场的故事.新华网，2010.12

· 延伸阅读 ·

适度专业化企业拥有的优势

1. 差异化

专业化能力可以加强企业的差异化，创造多个竞争优势。例如，差异化的公司能通过较高的产品定价和抢占新市场来增加收入；与外部专家合作能增加利润并允许公司退出无利可图的市场；内部管理更少的资产可帮助公司重新分配资源，以投资更具战略意义的业务。实现差异化需要企业强化关注力和专业知识，提高对核心业务的控制能力，这在某种程度上能产生强大的风险抑制力。但是公司必须明确自己在整个行业中所处的位置，只投资真正具有差异化意义的业务，并在驱动这些业务创新的同时寻求建立适当的互补型合作关系，这一点非常关键。

2. 快速反应

快速反应是专业化企业的第二个优势。一直以来，企业都在精心设计的基于机会预测和威胁假设的业务模式中运行，迫使客户接受公司的价值主张。这些企业充满了固定流程，不仅延长了推出新业务所需的时间，还大大制约了有效协作的能力。相比之下，专业化企业通过业务模块化、消除非关键业务组件、利用现有外部专家等特点，快速感知并响应意外的市场环境及客户需求的变化。

3. 高效率

专业化企业的效率也远远高于采用传统业务模式的企业。传统企业致力于一体化整合，乐于投资固定资产，追求自主开发核心能力，并希望在所有业务领域创建规模优势。专业化企业则把主要资源聚焦在具有战略意义的业务模块。专业化企业不同于传统企业，他们能够灵活地适应成本结构和业务流程，在更高的生产力、成本控制、资本效率和财务可预测性水平上降低风险并开展业务。

专业化企业在为员工、客户和股东增加价值的同时也为企业自身创造价值：满足客户要求使企业获得客户忠诚度；满足员工要求使企业能够保持领先地位并减少员工流失率；实现股东价值使企业能够赢得股东信任并获得更多的融资选择。

HUAWEI

第三章

伟大源于细节的积累

第一节　创新从细节开始

美国有一家生产牙膏的公司，产品优良，包装精美，深受广大消费者的喜爱,每年营业额蒸蒸日上。不过,企业进入第十一年、第十二年及第十三年后,业绩则停滞下来，每个月维持几乎同样的数字甚至有下滑趋势。董事会对此三年业绩表现感到不满，便召开全国经理级高层会议,以商讨对策。会议中,有名年轻人站起来，扬了扬手中的一张纸对总裁说:"我有个建议,若您要使用我的建议,必须另付我 5 万元！"总裁听了很生气:"我每个月都支付你薪水,另有红包奖励。现在叫你来开会讨论,你还另外要求 5 万元。是否过分?""总裁先生，请别误会。若我的建议行不通,您可以将它丢弃，一毛钱也不必付。"年轻的经理解释说。"好！"总裁接过那张纸后，阅毕，马上签了一张 5 万元支票给那年轻经理。那张纸上只写了一句话：将现有的牙膏开口扩大 1mm。总裁马上下令更换新的包装。有员工不服气地问总裁:"这算什么创新？不就是一条小小的建议吗？没有什么技术科技含量，你给他这么不菲的奖励是不是被他骗了？"总裁反讥道:"这笔奖励发得值，你要是也能这么简单地解决销量停滞问题，为企业创造更多的利润，我也发你奖励。"试想，每天早上，每个消费者多用 1mm 的牙膏，每天牙膏的消耗量将多出多少倍呢？这个决定，使该公司第十四年的营业额增加了 32%。

这个故事启迪我们，创新成果始于关注细节。假如不是这位员工关注细节，从细节中发现问题、思考问题、解决问题，就不会带来这样的实效。

加藤信三原本是日本狮王牙刷公司的小职员。有一天起床，他匆匆忙忙地洗脸、刷牙，不料，急忙中牙龈被刷出血来。加藤信三不由火冒三丈，因为刷牙时把牙龈刷出血的情况已不止发生过一次了。他本想到公司技术部大发一通脾气，但走到半路，他努力平息自己的怒火，并开始回想自己刷牙的过程，才发现自己一直都太急躁。同时加藤发现了一个为常人所忽略的细节：他在放大镜下看到，牙刷毛的顶端由于机器切割，都呈锐利的直角。"如果通过一道工序，把这些直角都挫成圆角，那么问题就完全解决了！"于是，加藤信三一改往日的急躁、粗心，在一次次试验后终于把新产品的样品正式呈给公司。公司领导看后，欣然采纳了他的建议，迅速投入资金，把全部牙刷毛的顶端改成了圆角。

改进后的狮王牌牙刷很快受到了广大顾客的欢迎。对公司做出巨大贡献的加藤从普通职员晋升为课长，十几年后成为公司董事长。

谁也想不到，加藤信三因为关注牙刷细节，从此被重用。其实，生活就是由一些点点滴滴的细节组成，而往往正是这些细节在你人生中的某些时候起到了关键性的作用。

很多创新都是从不起眼的细节开始的，人类的多数创新其实是对一些细节的改进、修订或提升，细节具有创新功能。创新很少是开天辟地、凤凰涅槃，而往往有一个渐进的、逐步完善的过程。创新要从细节开始，创新就在我们身边，把工作中的每一个细节做到极致就是创新。

"零次信息"指的是那些内容尚未经专门机构加工整理，就直接作用于人的感觉的信息情报。比如，"一句话"、"一点灵感"、"一丝感觉"、"一个点子"等等均可称为零次信息。

有一位从美国到中国来的投资商，通过生产水龙头，获得了巨大的利润。当初他之所以选择了这个很不起眼的投资方向，是因为他看到中国内地到美国去的人，在关水龙头时，总要使很大的劲。他就想，水龙头容易漏水才会使这么大的劲去关，久而久之养成了习惯，所以在中国内地，水龙头的质量一定不过关。他从中获得了灵感，后来调查发现情况确实如此，经过考察决定投资这种对他们来说资金和技术要求都不是很高的项目。这个美国人原本只是一个很小的商人，但是正由于他对"零次信息"的关注，让他取得了很大的成功。

十几年前，冰箱都是单门的，日本三洋电机公司生产的冰箱也不例外。有一天，该公司一技术人员偶然听到用户的一句无心话："每天打开冰箱门拿东西，冰箱里的冷气大量外泄，很可惜。要是将冰箱的外门制成上下两半，拿东西只需开一半，那就能节省很多冷气了。"该技术人员捕捉到这位用户的心意后，认为这有可能会给公司带来巨大的效益，于是马上向领导报告。这也使三洋公司的畅销产品"双门冰箱"得以诞生。日本三洋电机公司成功的关键就在于，他们的员工善于发现并利用别人不注意的"零次信息"。

有一天，一位日本顾客突发奇想：为什么不生产表针"左旋"的手表呢？

这样不但能满足一些人标新立异的心理，而且也能使手表品种更加丰富。这一奇想被一报纸刊载，不过它并没引起更多人的注意。有一天，日本东方钟表公司总裁在翻阅旧报纸时，碰巧看到了这一"点子"，他如获至宝，立即组织人员开发出前所未有的"左旋手表"，刚一投放市场便大放异彩，格外引人注目。不仅首批几千块手表很快销售一空，而且世界各地订购此种手表的订单雪片似的向公司飞来。

日本这两家公司成功的关键就在于他们利用了别人不注意的"零次信息"。20世纪90年代初，庐山植物园考察团在江西省大余县境内庾岭山脉偶然发现了濒临灭绝的珍稀植物虎舌红。人工驯化后，1999年在昆明世博会上荣获室内观叶植物一等奖。媒体刚刚发布这一消息，江西省大余县花农林波便火速前往庐山植物园，学习虎舌红的种子繁殖、地上茎扦插繁殖和地下根茎分割繁殖、病虫害防治等人工驯化技术。回来后，大面积繁育虎舌红，第二年便掘得第一桶金260多万元。此举引领了大余县虎舌红种植热潮，迅速把虎舌红从一朵默默无闻的小山花变成世界名花，远销英国、韩国、日本等国家。

现实中，很多人发现了"零次信息"，却没有将其利用，这令人遗憾。在生活中发现了"零次信息"是一件好事情，但更重要的是将其利用好，只有利用好才会给我们带来收益。

在国内，许多企业的领导在寻求创新时，不管是在技术创新还是在管理创新方面，总习惯于贪大求全，却很少有"于细微处见精神"的细心和耐心。相反，海尔总裁张瑞敏在谈到创新时说："创新不等于高新，创新存在于企业的每一个细节之中。"事实上，海尔集团在细节上创新的案例可谓数不胜数，仅公司内以员工命名的小发明和小创造每年就有几十项之多，如"云燕镜子"、"晓玲扳手"、"启明焊枪"、"秀凤冲头"等等，并且这些创新已在企业的生产、技术等方面发挥出越来越明显的作用。

著名的台湾首富王永庆也是从细节中找到成功机会，不断创新的人。在创业初期，他的营销和管理与其他米商不同的是，他关注到米的杂碎粒多少、新米与陈米的不同堆放、米缸要保持干净、按时送米等客户发薪之日再上门收钱等等细节。正是由于这些细节的落实，极大地方便了顾客，赢得了很多客户。而他从小小的米店生意开始发展成为台湾首富。王永庆说："我不仅有做大的政策，而且更注意点点滴滴的管理……"

有人这样评价苹果公司的"教父"："近乎变态地注重细节，是乔布斯的成功秘诀。"为了重新设计系统界面，乔布斯几乎把鼻子都贴在电脑屏幕上，对每一个像素进行比对。在乔布斯这样近乎苛刻的管理者的带领下，苹果公司的员工几乎都是像疯子般关注细节的人。在这样的氛围里，为用户提供完美的产品是每位员工创新的目标。而这样的工作理念，最终成就了苹果公司的传奇。

乔布斯和苹果公司的成功告诉我们，创新要从细节开始。虽然每一个细节看上去都很小，但是积累起来就会发生"质变"，能创造出完全不同的更好的产品或服务。

日本丰田公司的经验证明，通过细节的创新可以使整个企业持续发展，从而获得巨大的成效。虽然每一个细节看上去都很小，但是这儿一个小变化，那儿一个小改进，就可以创造出完全不同的产品、工序或服务。如果说创新是一种"质变"，那么这种"质变"经过了"量变"的积累，就自然会达成大的变革和创新。而这种质变却是简单的，让人一看就懂：原来是这样，我怎么没有想到。老子早就说过："天下难事，必做于易；天下大事，必做于细。"企业的经营，只有重视细节，从细节入手，才能取得有效的创新。

管理大师彼得·德鲁克说："行之有效的创新在一开始可能并不起眼。"而这不起眼的细节，往往就会造就创新的灵感，从而能让一件简单的事物有了一次超常规的突破。德鲁克认为，创新不是那种浮夸的东西，它要做的只是某件具体的事。企业要真正达到推陈出新、革故鼎新的目的，就必须要做好"成也细节，败也细节"的思想准备。否则，所谓的创新只能是一句空话。所以，创新不一定是"以大为美"，但绝不能掉以轻心，尤其是生产企业活动中既不相同却又相互关联的每一个细节。

华为人李某出身于电信科班，加入华为不久就从机关被推荐至市场一线。一般标书都很厚，少则几百页，多则上千页，评标客户在查找关键信息时非常困难。李某就琢磨："能否找个方法便于客户查询？"在和团队沟通之后，大家有了一个主意，"根据以往评标中客户最关注的关键信息和我司产品中最精华的亮点制作成快速评标手册，并在提交大标书的同时也把这本小标书附上"。另外，各类设备的报价单五花八门，能否站在客户角度固化成更为直观的集成报价模板，使客户一目了然？很快，这些想法都变成了李某和同事们的行动，方便客户快速粗估整体预算。

对于每一次投标书的技术环节，他都严格把关，每一个细节都不会错过，万无一失后才会拿去招标现场。对于合作伙伴总代的材料，他也会严格审查，即使是格式、外观上有问题都会要求重写，确保输出的材料在客户面前完美呈现。每一次去客户现场测试之前，他都会先在内部测一遍，确保产品在每一个关键时刻都能"零瑕疵"。

细节对于个人的创新来说，更是如此。"苟日新，日日新，又日新。"

如果能每天除旧更新，就要天天除旧更新，不间断地更新又更新。如果有了这样的一种境界和人生态度，我们就会在人生的单调与重复中，在人生的每一个细节和每一件小事中进行创新。

雕塑家、画家米开朗琪罗曾这样说过："完美不是一个小细节；但注重细节可以成就完美。"

第二节　细节来自于制度

现代企业的竞争是企业文化的竞争，员工素质竞争的基础是制度，每个企业都有自己的员工守则，作为员工的工作指导和员工必须遵守的规定；企业对每一个部门都有业绩考核，来评定部门工作成绩；每个部门也要制定出本部门的考核条例。可以说细节来自于制度。

严格的制度是每个公司必备的要素。但是这些制度是否能细节化并行之有效更是这个公司能否进行有效管理的关键因素。大到在公司本部的总体经营战略指导下的财务制度、企业资产管理制度、劳动管理制度、业务管理制度等，小到公司的采购订单制度、仓库管理制度、售后服务制度等，都要具体细化，都要落实责任，将工作制度细节化。只有制度细节化，具体工作才有据可循，对工作的管理也能从细处抓起。

吉林市中百商厦的大火事件真实地说明了制度细节化的重要性。

2004年2月15日9时许，吉林市中百商厦伟业电器行的雇员于红新不慎将吸剩的烟头掉落在仓库地上，在并未确认烟头是否被踩灭的情况下就离开了仓库。想不到烟头引燃仓库内的可燃物，引发了火灾，造成54人死亡、70人受伤、直接经济损失400余万元的严重后果。

火灾发生时，商厦保卫科副科长陈忠、科员曹明君违反规章制度，在值班期间擅自离开消防监控室，延误了报警时机，未能及时有效地通知并组织人员疏散，致使商厦内的部分顾客及浴池和舞厅内的部分人员未能及时逃生。

商厦保卫科科员李爱民也没有尽其职责，未能及时发现并排除商厦内应急灯失灵等安全隐患。

法院在对该案进行审判时确认了相关人员的罪行，其中事故主要责任者于红新依法被判处有期徒刑七年。事后于红新在接受记者采访时表示："我后悔自己的防火意识太差，一个小烟头，竟惹了这么大的祸。"

是的，一开始就只是一个未被碾灭的烟头，在值班人员擅自离岗、应急灯失灵等各种细节因素的相互作用下，造成了生命死亡和财产损失的重大火灾事故。在此之前，有关部门就中百商厦的火灾隐患下达了《责令限期改正通知书》。如果商厦及时地落实整改方案，增强员工消防安全意识，如果值班人员未擅自离岗、应急灯未失灵的话，这个烟头所造成的损失肯定会大大减少，甚至不会发生火灾。

在企业的管理中，对细节的追求是无止境的，但对细节的追求是可以衡量的。衡量的尺度，就是制定相应的标准和规范。标准和规范，就是对细节的量化，是重视细节、完善细节的最高表现。一个没有规则、没有标准的企业肯定是管理不到位的。

现代企业的竞争是企业文化的竞争，是人的素质的竞争。管理的基础是制度，肯德基、麦当劳之所以几十年在世界各地畅销不衰，其核心竞争就是流程管理，肯德基和麦当劳的管理条例都有几千条，麦当劳为了保持食物的新鲜度，汉堡包炸出 7 分钟后卖不掉就要扔掉，为了不造成浪费，这 7 分钟是经过科学的测算得出的标准。所以走遍世界各个店，我们吃到的炸鸡腿、薯条、汉堡包都是一个味。

我们中国有八大菜系，扬名中外，但能做到连锁经营的却很少。因为中国菜的味道完全取决于厨师，他的心情都会影响到菜品的质量，更不用说更换厨师了。中国菜谱中通常只有盐、味精少许，没有一种量化、细化的标准。

说到管理制度中的细节，中国企业还有很多工作要做。举个例子，河豚肉质细腻，味道极佳，但这种鱼味道虽美，却毒性极强，处理稍有不慎就有可能致人死亡。在中国，每年因吃河豚中毒、死亡者上千人。但同样是吃河豚，在日本却鲜有人中毒、死亡的事情发生，问题出在哪呢？

在日本，河豚被奉为"国粹"。河豚加工程序十分严格，一名上岗的河豚厨师要接受至少两年的严格培训，考试合格以后才能领取执照，开张营业。在实际操作中，厨师对每条河豚的加工去毒需经过 30 道工序，一个熟练厨师要花 20 分钟才能完成。但在中国，加工河豚就跟做其他海鲜一样，加工过程随随便便，烹饪过程也没有太多工序，其后果可想而知。

加工河豚为什么需要 30 道工序而不是 29 道？这 30 道工序绝不是平白无故地杜撰出来的，一定是经过精细的科学实验测试出来的（即便没有什么科学根据，就是从营销的意义上讲，这种宣传也会增加可信度），人家没有因吃河豚而中毒就是证明。从这一点来说，凡是精细的管理，一定是标准化的管理，一定是严格的程序化管理。

细节管理的基础是制度。伊利作为中国最大的乳制品公司之一，其生产的酸奶深受消费者的信任和喜爱，仔细研究他们的管理制度，就会发现细节管理在生产和运输中都得到很好的运用。从原奶的运输进厂、进行检测，到标准化的生产、严格配料、高温杀菌、发酵，再到灌装、包装、仔细检验，最后装箱出厂，这些步骤全部密封机械化加工，不需要人工操作，这就减少了人为污染的可能性。在酸奶运输过程中,全程采用2℃～6℃"恒温"运输，运输车密封严实，即使在断电的情况下还可以继续保温一个小时，确保了酸奶的食用口感和安全性。在现代企业管理中，不论是管理者、决策者，还是执行者、操作者，都必须用心留意工作的细节。作为管理者、决策者必须在眼光放长远的同时用心关注细节，而执行者、操作者在扎实工作的同时也要在执行操作流程中做到规范细致。这些都不是空话，要用心做到每个点滴之处。

华为为什么会那么强大？就是因为华为是中国最早用企业基本法管理公司的企业，有法可依，所以狼性十足，后劲十足。锡恩管理咨询公司的执行专家姜汝祥博士提出，每一家企业都需要一套红绿灯系统。他认为，华为代表了中国企业在这一阶段的历史使命：用法而不是用能人来完成突破！这就如交通系统一样，老板就像交警，员工就像司机，如果没有红绿灯，警察要多累，而红绿灯是又简单又实用。华为的管理制度就是企业运作系统中的红绿灯,它保证了系统中各个环节的通畅流转。在华为的管理实践中，制度发挥了杠杆的作用，只要有合适的支点，就能解决组织内部的各种矛盾和冲突。

规则的制定需要坚守一个原则：关注细节。解放军的"三大纪律、八项注意"的雏形就是从小事入手的。"三大纪律"：第一，行动听指挥；第二，打土豪款子要归公；第三，不拿老百姓一个红薯。"八项注意"：第一，上门板；第二，捆铺草；第三，说话和气；第四，买卖公平；第五，借东西要还；第六，损坏东西要赔；第七，洗澡避女人；第八，不搜敌兵腰包。这些纪律和规定，看似啰里啰唆，但是它一方面从细节处规范了军队行为，另一方面，传达了解放军亲民、爱民的思想内涵。

华为是一个半军事化管理、纪律严明甚至有些苛刻的公司，在华为对运营商现场服务的大型软件集成项目组内部同样也体现了这种风格。拿华为×××合作项目组来说，项目组现场管理制度包括了严格且明确的现场纪律要求条款，如严格规定上下班作息时间，办公桌面要求整齐清洁，下班后要求电脑和显示器关机、空调关闭、房间锁门，离开办公桌10分钟以上必须内部邮件通知，上班时间不得上与工作无关网站等等。以上条款，都配有不同数量的违反扣分，每人每月可扣分总数为100分，当被扣至80分以下时需要罚款50或100元，当被扣至60分以下时将可能被降薪或被项目组辞退，被罚款项一般用作项目组的零食专款或奖励专款；而连续3个月以上得满分者，可获得奖励100元。项目经理会从平时工作认真负责且全体成员认可度比较高的普通组员中选择任命1名纪律监督员和1名考勤记录员，纪律监督员负责不定期地突击检查员工的纪律情况并接受纪律举报，考勤记录员负责上下班考勤和纪律扣分登记记录并月底汇总每人得分。这种罚和奖不只是记录而已，在每月底召开的民主生活会上，该罚的现场掏钱，该奖的现场收钱，项目组所有的人都看着，确实是奖罚分明。[1]

让制度规则有最高发言权，组织才能有效率。"现在，我庄严地承诺和

1　华为项目团队管理．项目管理资源网，2010.9

声明，每当有顾客走近我身边 3 米时，我就会微笑，露出 8 颗牙齿，看着他的眼睛，并且招呼他。我敢向萨姆发誓。"这段文字来自于沃尔玛早会上必不可少的宣誓仪式。沃尔玛认为，做企业就是一个持续的不间断地培养人的工作，把员工培养和训练成守纪律的人，决定了企业存在的可能性以及存在的价值。规则，把组织成员聚集在一起，朝着共同的目标努力。

第三节　细节来自于榜样

制度和条例制定好了以后，我们就不折不扣地执行，但是要执行得更加有效，就必须关注细节问题。管理层在要求手下员工的同时，自己必须百分之百地做到，这样你手下的员工才会听你的去遵守规定，否则一旦他们违背规定，就会因你的处罚而产生抱怨，不利于团队建设，甚至还会产生这样或那样的不利于生产的作用，因此细节来自于管理层日常的示范。

无限的爱（组织）日用品和化妆品店 DM 在德国遍地皆是。30 年前，格茨·维尔纳白手起家创建了 DM 连锁店。格茨·维尔纳有自己的一套注重细节的经营理念，为此他还会做出一些特别"古怪"的行为。

有一次，维尔纳走进一家 DM 分店，他要求分店经理拿扫帚来。经理把扫帚递给维尔纳，非常疑惑地问："维尔纳先生，我不明白您要它做什么？"维尔纳指着地下的灯光说："您看，灯光的亮点聚在地上，什么用处也没有。"然后，维尔纳用扫帚柄拨了一下上面的灯，让灯光照在货架上。

这样的小事也要大老板过问并且亲自动手，岂不把他累死？可就是这样一个大老板现已拥有 1370 家连锁店、两万名员工，2002 年的销售额高达

26 亿欧元。

维尔纳解释他注重细节的用意时说："这样做给人留下的印象远比下达批示深刻得多。当然，我不可能每天到所有的分店跑一圈，每一个细节都不放过，但是，'商业教皇'布鲁诺·蒂茨说得对：'一个企业家要有明确的经营理念和对细节无限的爱。'"

管理的能力体现在对细节的管理，管理者要在细节中为下属做出榜样，成为他们效仿和学习的目标。但是这并不意味着："嘿，你要像诸葛亮那样事必躬亲，把每件事都挑到肩上，让我们跟在后面照着葫芦画瓢！"以现代管理学来看，诸葛亮绝不是真正的管理大师，因为他事必躬亲，扼杀了别人的发展空间，以至于他累死之后，蜀国无人可用，终酿成灭国悲剧！

日本电器大王松下幸之助不仅自己重视细节，而且放手提拔那些具备同样品质的人才，让他们代替自己管理公司，使松下公司对细节的重视达到了惊人的高度，每个人都务实求真，努力工作，像蚂蚁一样细心地丈量公司的每一个计划，精确地沿着公司的战略规划飞速前进。

松下幸之助说："一个人的能力是有限的，如果只靠一个人的智慧指挥一切，即使一时取得惊人的进展，也肯定会有行不通的一天。"这句话告诉管理者，在细节中做出榜样，不是每件事都亲力亲为，而是明察秋毫，让每个人都重视细节。

华为的榜样是西方的一些著名公司。正如任正非在其文章《创新是华为发展的不竭动力》中所写的：

"华为的发展得益于伟大的改革开放时代，得益于党和政府的技术创新政策。华为发展的十年，正是祖国经济大发展，人民生活不断改善，信息消费不断增长的时期，这为华为提供了生存与发展的空间。离开了时代的进步和社会经济环境的改善，华为纵有技术进步也难以生存。

"同时，这十年，也是西方著名公司蜂拥进入中国的十年。其实他们不仅是竞争者，更是老师与榜样。他们让我们在自己的家门口遇到了国际竞争，知道了什么才是世界先进。他们的营销方法、职业修养、商业道德，都给了我们启发。我们是在竞争中学会了竞争的规则，在竞争中学会了如何赢得竞争。世界范围内的竞争者的进步和发展咄咄逼人，稍有松懈，差距就可能再次拉开；而且国内同行的紧紧追赶，使我们不敢有半点懈怠，客观上促进了我们的快速进步。"

在《我们向美国人民学习什么》一文中，任正非为华为定下了义无反顾师从 IBM 的管理变革目标。在这条此后被任正非定义为"革自己的命"的管理转型之路中，任正非运用其强大的个人感召力和影响力，力排众议，定下了"削足适履"，以及"先僵化，再优化，再固化"的目标进程，从 IBM 引进代表美国先进流程和管理模式的集成产品开发（IPD）及集成供应链管理（ISC）体系，以建立一种与世界对话的"语言"。

从 IBM 的经历当中，任正非显然已经看到华为未来所需要面对的挑战和前进路径。1998 年 8 月，华为与 IBM 公司合作启动了"IT 策略与规划（IT S&P）"项目，开始规划华为未来 3 ~ 5 年需要开展的业务变革和 IT 项目，包括 IPD（Integrated Product Development，集成产品开发）、ISC（Integrated Supply Chain，集成供应链）、IT 系统重整、财务四统一等 8 个项目，IPD 和 ISC 是其中的重点。

在学习 IBM 的管理经验时，任正非特别强调："世界上还有非常多好的管理方法，但是我们不能什么都学，那样的结果只能像一个白痴。因为这个往这边管，那个往那边管，综合起来就抵消为零。所以我们只向一个顾问学习，只学习 IBM。要学明白 IBM 是怎样做的，学习人家的先进经验，多听取顾问的意见。"

基于对先进管理经验的渴求以及对知识的尊重，个人生活一向节俭的任正非对于有助于促进公司管理进步的变革从来都不吝于投入重金。

对于 IBM 这样一位世界级的老师，华为也付出了世界级的学费做代价。"IBM 在我们公司推进管理变革的时候，每小时付给他们专家的费用是 300 美元到 680 美元，70 位专家就住在我们楼上办公 7 年，你算算我们付了多少钱啊。但是今天我们知道，付出的几十个亿推动了我们管理的进步是值得的。"

为什么要花这么大代价聘请 IBM 的专家呢？任正非这样解释："沃尔玛的老板就是在买东西时给人付更多的钱，因为他同时向别人学习管理，所以沃尔玛现在发展成为世界上第二强企业。我们也是在向 IBM 买管理，买经验。"

而任正非对于 IBM 这位老师的信任和认同感几乎是无以复加的。他甚至对员工说："IBM 专家都很敬业、很积极，他们给我们提供了巨大的帮助，我们是应该感谢的。华为公司如果以后站起来，更不要忘了他们。"

2008 年 2 月，华为给为自己做了 10 年管理咨询的 IBM 咨询师们送行。由于长期密切的并肩作战，在送别现场，华为一位副总失声痛哭。尽管对 IBM 来说，这只是一个商业咨询项目，但对华为而言，却意味着脱胎换骨。

第四节　细节来自于习惯

只要在注意细节上持之以恒，就会使注意细节变得习以为常。而要想时时刻刻地注意细节，就得从观念上重视细节。"勿以恶小而为之，勿以善小而不为"说的就是态度问题，我们不能因为问题或者错误小就忽略它，也不能因为作用或效果差而放弃它。要认识到小问题也会造成严重后果，很小的成效也能促成大的成功。滴水可以穿石，星星之火亦可燎原。

一个优秀的管理者只有注意到必要的细节，才能深入管理过程中的细微之处，才能保证企业的发展战略完全地执行下去。工作中的细节很多，而通常员工不善于观察这些细节。为了防止细节被忽视，管理层应该注重培养下属注意细节的习惯。在培养员工观察细节的同时，管理人员也应该从自身做起，审视工作战略中的每个细节。企业中形成重视细节的组织文化，会使企业在市场竞争中占有一定的优势。

"播种行为，收获习惯；播种习惯，收获性格；播种性格，收获命运。"人的习惯就是一种潜意识。"如果让你的手下去送货，你必须考虑5个细节，打7个电话；你的业务人员访问经销商，未开口说话之前，必须做5件事；一个戒烟规定，要经历5个阶段，坚持做一年的细节，顺理成章地全部实现戒烟；……"这些案例充分说明了当人做一件事情达到一定熟练程度后，就会变成一种潜意识，变成一种习惯。任何一项工程，都可以分解成为无数个细节，严格执行每个细节，使其变成一种习惯。细节就是习惯，优秀也是一种习惯！

如何把细节做好，最重要的：第一是认识，第二就是训练。将细节训练成习惯，所谓的团队就是经过格式化的模式，能够达到一定默契的队伍，否则只能叫乌合之众，而乌合之众是不可能有战斗力的。所以进入团队以后需要进行格式化，需要进行很多操作规范的培训，必须非常严格地执行格式化的操作，使大家久而久之形成规范的工作习惯。

不管是工作的模式或流程，还是员工间的默契，都在团队中经过格式化的训练，从而产生强大的战斗力，使企业增强竞争力。所以在进入一个企业或一个团队后，需要培训上岗，也就是让员工熟悉这些操作流程或规范。

"用心做好细节"被视为华为人的一种优秀的习惯，一种将"顾全大局"、"设身处地"固化下来的有效形式。安装光模块并不是多么复杂、多么艰难的任务，然而就是诸如此类的"低技术含量"的错误可能会引发日后一连串的"蝴蝶效应"，导致多次返工，从而造成时间、人力和财力的极大浪费。

另一方面，也许正是这类"低技术含量"的简单操作更容易被华为人忽视，所以一些华为人常常在小事上面"栽跟头"。因此，在大困难、大问题面前坚持下来固然值得褒扬；在小细节、小问题上持之以恒、耐心以待应该也是对"意志"的最好磨练。在安装光模块时，不妨多检查几次，确保质量。多一分钟的确认检查就可以省去之后无数人力、金钱和时间的浪费。

华为的一位驻日本的员工记录了他在日本工作的感受："日本人的精细化程度举世闻名。其实不用走远，在所住宿舍里转一圈，就可以感受到：马桶水箱顶部做成洗手盆，洗手、冲厕一举两得；屋顶灯根据不同需要，可以通过拉灯绳来控制亮一个、两个或三个；大窗户上方有小拉窗器，既保护了隐私，又使顺畅地置换新鲜空气成为可能……

"一个小小的带放大镜的老人用指甲刀，附带着详细的使用说明书，图文并茂；普通居民区房屋前空地上的草坪，都竖立了一块块小牌子说明周围小草的名称、所属科目，宛如百草园……

"路过一露天的建筑工地，水泥、钢筋、沙石各类物品摆放得井然有序，绝无污水横流、泥土四溅的现象，整洁程度如同进入了我司的5S的生产车间。据说，日本的建筑在起楼之前要打三年地基。这与华为所倡导的如同建立教堂一样的优质基础性平台如此异曲同工。因此，本次日本地震房屋有被海啸冲毁，但被震塌的很少；华为建立的优质平台，相信也可以在百年后仍有竞争力，能持续为客户提供丰富多彩的服务。

"中方一位负责行政工作的同事，讲了自己工作中的一件事情：日本同事普遍有记录文档的习惯，所以很多日本员工每天工作到很晚，就是因为白天工作，晚上就整理当天的文档与记录。开始她觉得不解，说这样不是很耽误事情吗？但是日本同事还是这样不断地记，结果这次日本代表处搬迁新办公室要重新装修，从管理处要来历史文档：水、电、电话、网络等信息从大楼建成开始，中间有哪些修改、什么时候动工、人工投入多少，你需要的过程信息到这里都能查到，使后期装修工作进展得非常顺利，这便是得益于日常点滴的精细。

"当一个民族已经将精细化融入日常生活中，那么将这种习惯带入对质量的要求也就顺理成章了。在此基础上，也才能生产出 Sony、丰田、欧姆龙等这些闻名世界的品牌产品。我们曾经因为自己的骄傲、自满以及惰怠而被日本客户拒之门外，后来放下在世界其他地方所获得的成功，虚心学习，认真改进，才赢得了与客户第三次握手的机会。但是，一旦忘记了该以谁为中心，不能帮助客户成功，那么他们的手随时可以抽回去。"

第五节　细节来自于用心

"一树一菩提，一花一世界"，生活的一切原本都是由细节构成，而细节往往最容易被人忽视，殊不知这不起眼的细节，看在眼里便是风景，握在掌心便是花朵，揣在怀里便是阳光。细小的事情往往发挥着重大的作用。

细节真的不是"细枝末节"，而是用心，是一种认真的态度和科学的精神。只要用心，我们就会看到细节，看到细节背后事物的内在联系，就能够做好细节。在实际操作过程中，做细有限度，而用心无止境。

在一个企业中，任何创新、市场活动、战略都是由人来完成的，细节是否执行到位，则是由人的意识支配的。细节靠制度来约束，是不可能的，再全面的制度也不能概括在工作中遇到的千变万化的情况；细节靠监督也是不现实的，监督一个人完成工作的人力成本，比直接由监督者完成还要高。开启细节执行力的金钥匙在人的心中，细节执行力的标尺也在人的心里。

因此，归根到底是人的主观能动性决定企业的发展，简单来说，就是"用心"二字。

"用心"二字看似简单，实则不然，有些员工在被领导批评不用心的时候，觉得十分委屈。我们该怎样理解"用心"呢？

有些人常常认为，工作就是干活，干活就是工作，完成就行了。有这种想法的人，是不会在工作中用太多心思的，细节执行力也就无从体现。人的一生有一大半的时间，是在工作中度过的。工作不仅仅是养家糊口的谋生方式，工作更是一个人实现自我价值和社会价值的渠道。因此，既然一定要工作，既然选择了工作，那为什么不付出你的智慧、热情、信仰、想象和创造力，把工作做好呢？为什么要抱着一种敷衍、应付的心态让工作成为一种痛苦呢？

不能在工作中找到自己的存在价值，就是不用心，这样的人生是多么无聊，抱着"不得不"的心情去工作是多么可怕的一件事！ [1]

1　张秀娟.赢在细节·成在执行.北京：华夏出版社，2013.9

没有注意到的细节，总比我们注意到的细节要多。我们一直在说，认真可以把事情做对，用心才能把事情做好。用心，就是认真的认真，就是自始至终的认真。缺乏责任心使我们看不到应该看到的细节，或者看到了也没有认真地去对待。反过来，如果我们能够怀着崇高的责任感用心去做事，就能够看到那些能给我们带来商机的细节。

有一次，亨利·福特把一辆汽车卖给一位医生。一个看热闹的工人对同伴打趣道："不知哪一年我们才能买得起汽车？""这很简单！从现在起，你不吃饭，不睡觉，一天干 24 小时，我想只要五年，你便能拥有一辆汽车。"

这句话使在场的所有人都哄笑起来。然而，福特听了，却没有笑，他决心研制出一种"连擦皮鞋的人也能买得起的汽车"。四年后，福特的 I 型汽车问世了，价格比其他汽车公司的产品便宜 80%，每辆车只卖 575 美元，投放市场后，供不应求。

福特感慨道："即使是玩笑，只要你留心思考，也可能有触发你经营灵感的东西。"

留心思考、认真对待，使福特这位一心要把汽车变为所有人都能够用得上的代步工具，有着强烈社会责任感的企业家，从寻常的玩笑中看出了不寻常的商机。

小赵刚到公司工作时，自以为专业能力不错，平时的工作凭借自己的小聪明都应付自如，对待工作很是随意。有一天，老板交代他为一家企业做一个很重要的广告策划方案。他很用心地准备了半个月，哪知把方案呈给老板时，老板看都没看就问："这是你最好的方案吗？"小赵一怔，什么也没说就拿起方案回来了。

他冥思苦想了好几天，对方案进行修改后，再交给老板看时，老板还是那句话："这是你最好的方案吗？"小赵心中忐忑不安，不敢给予肯定的答复。老板还是让他拿回去修改。

这样反复了好几次，最后，小赵很自信地说："是的，我认为这是最好的方案了。"老板说："好，这个方案批准通过了！"

经过这件事，小赵明白了，任何工作都可以做得更好，而企业需要的是最好的结果！只有不断地追求完美，精益求精，才能把事情做到最好。于是他在以后的工作中不再马马虎虎应付了事，任何方案都反复修改，直到自己认为是最好的方案才拿给老板。

老板对他非常满意。他很快得到了晋升，他领导的团队凭着精益求精的敬业精神和用心执行的态度取得了很好的业绩。

其实，工作不能仅仅为做才去做，用心工作不仅仅是完成单位所规定各岗位的职责那么简单，也不仅仅是做好领导所安排的各种事务。用心工作是一种态度，也是一种方法。

海尔的管理层经常说这样一句话："要想让时针走得准，必须控制好秒针的运行。"这句话说明了细节管理的重要性。只注重大的方面，而忽视小的细节，放任的最后结果是"千里之堤，溃于蚁穴"，海尔能够创造出世界知名的国际品牌，其企业管理从未放弃过小的细节。

海尔总裁张瑞敏曾说过："什么叫不简单，千百遍都做对同一件事情，不出差错，就是不简单。"某些日本企业一个贴商标的工人需要培训 2 年，一个正常人花这么大劲学习贴商标这样的小事，这听起来有些不可思议，但工人要每次准确无误地把商标贴在固定的位置上就不是那么简单的事情了，必须用心和认真。如果企业员工能够对工作中的每一个细节都认认真真去做，就会出效益。在东风公司一种新型卡车的驾驶室里，一个表座与挡风玻璃的距离只有一个手指头的长度，要把表座安上去，用传统的方法是使用短起子加扳手，既慢又易损坏挡风玻璃，有个工人干活时很恼火，他动了脑筋后，把起子锤弯，没想到这简简单单的办法，却有四两拨千斤的奇效，立即提高了工作效率。可见，对企业员工来说，用心地做好身边事，解决经常影响工作效率、工作质量的琐碎的、细小的问题，更显得急迫，更具备现实性和可能性，而且更能立竿见影。

当我们学习时，要学习别人的专业，多观察其中的细节；当我们集中精力，想在平凡的岗位上创造更大的价值时，就要心思细腻，从点滴做起，以认真的态度做好工作岗位上的每一件事，以认真负责的心态对待每一个细节，最终达到成功的目的。也就是说，我们在工作中一定要用心留意工作中的每一个细节，用心把它做好。务必要从一点一滴做起，每一个细节，每一个操作流程，都要规范细致，这样才能把工作做好。总之，细节管理在企业管理中的意义用一句话来概括，那就是：企业的管理能力，就是对细节的管理能力。

为了使"细节文化"深入人心，华为时常组织各种学习活动，对员工开展思想教育工作，以下是《走出华为》的作者汤圣平听到的一位在绵阳研究过导弹的德高望重的专家在一次干部内部学习会上讲的故事：基地的火箭正在紧锣密鼓地进行装配。装配中出现这样那样的故障问题也是很自然的事情。一次，有一个小小的问题让大家忙活了半天，有一个大学刚刚毕业的学生，爱唠叨，而且他自己认为在工作中领导对他不够重视，没能发挥他的才干，经常发小牢骚。听说火箭出了点小问题，他对一个朋友说："你知道吗？那个故障是我故意弄出来的。"其实，这根本和他没关系，他只不过是想显摆而已。第二天，基地突然全体紧急集合，人们都屏气凝神等待领导的训话。这时基地领导站在台上，环视四周，厉声说道："把人押上来！"几个全副武装的武警把一个五花大绑的人架了上来，正是那个大学生！"就是他，想破坏我们伟大的无产阶级革命事业，人民是绝对不能饶恕他的……""把他拉下去，枪毙，立即执行！"这个看似无情的故事告诉华为人：不要犯任何小的错误。

从华为内刊《华为人》第188期中的一篇文章我们可以感受到华为的用心："华为对员工的培训是耐心而用心的。文化贯穿于培训中，是培训的灵魂。以入职培训为例，员工入职培训一个月，其中文化培训就要用时一周，并要求员工书写学习心得。在华为大学，不经意间发现一面贴满新员工文化培训心得的白板，字里行间真情流露，足见培训效果了。员工培训期间，华为会安排返聘的科研院所的老专家们互动交流，新员工们无不被他们的敬业、执着与朴实所感动；华为还会安排新老员工的沟通会，交流工作与生活中的心得感受，帮助新员工尽快熟悉工作与生活环境。华为，正是通过这样的点滴积累及流程制度的规范引导，将文化基因嵌入了每个人的灵魂，塑造了具有独特魅力的华为团队。"

HUAWEI

第四章

细节决定利润

第一节　细节中创造效率

老子曾经说过："天下难事，必作于易；天下大事，必作于细。"指出了想成就一番事业，必须从简单的事情做起，从细微之处入手。注重细节，就要甘于平淡，认真做好每一件小事，成功就会不期而至，这就是细节的魅力，带来水到渠成的惊喜。

在现实工作中，注重细节无疑是提升效率的有效途径。虽然不免有一些细节不容易考虑到，但只要用心工作，多学多问就能把细节问题考虑得更周全。办公室工作看似简单其实并不轻松，如何在例行工作中提高效率，杜绝失误是值得我们深思的问题。这要求我们在工作中既要大胆创新，又要严抓每一个细节。

众所周知，现代标准化的大生产管理是从管理学大师泰勒开始的。泰勒管理的最大特点，就是将细节标准化，即对人的每一个动作都进行精确的测算，将这一动作作为标准确定下来，让员工按此标准执行。这种做法的客观效果就是实现效益的最大化。在这里，细节成为效率的基础和前提。

管理规则越往精确的阶段发展，工作效率就会越高。有了准确以至精确的规则，大家便能更容易、更快速地把事情做对做好，从而大大提高一次做对的概率，即所谓的一次成功率，最终提高企业运营的整体效率。规则不细化，看起来快了，但容易造成执行的模糊和操作的混乱，若出现失误要返工，就会欲速则不达了。并且，只有具备细化和精准的管理规则，企业才可以借助培训进行管理复制、持续执行。

所以，注重细节不是"吹毛求疵"，两者有着本质区别。

强调细节，非但不会影响，反而会提高效率。首先，细节存在于系统之中，成功取决于系统，表现为细节，细节做得好，是整个系统正常运行的自然结果，而不是要在系统之外专门花时间去做什么细节。其次，细节是相对的，细节做得好坏，需要有标准去确定，细节在企业资源和能力范围内做得越好，产品和服务品质的标准相对越高，因而表现为更加精细化，更具差异化，更显人性化。再次，按照管理发展的程度，我们可以把细节管理的过程分为三个阶段：明确、准确和精确。一个企业首先把规则建立起来，即明确；然后，通过实践矫正那些已经明确但不一定正确的规则，使之具有操作性，并通过不断地实践和研究，使规则更加准确；最后把规则细化，做到精确。管理规则越往精确的阶段发展，工作效率就会越高。为了准确以至精确的规则，大家便能更容易、更快速地把事情做好做对，从而大大提高一次做对的概率，即所谓的一次成功率，最终提高企业运营的整体效率。

从哪些细节着手来提高工作效率呢？

将工作分类。分类的原则主要包括轻重缓急的原则、相关性原则、工作属地相同原则。轻重缓急包括时间与任务两方面的内容。任务开始以前，先向后看一看，再往前想一想，以避免前后矛盾造成返工。工作属地相同原则指将工作地点相同的业务尽量归并到一块完成，这样可以减少因为工作地点变化造成的时间浪费。这一点对现场工作人员尤为重要。

在规定的时间内完成约定的工作。管理人员在接受工作任务的同时，都被要求在规定的时间内完成。时刻将时间与质量两个要求贯穿在完成任务的过程当中，并尽可能提前。

因为某项工作会涉及多个部门或是岗位，假如让你来组织这项工作，你会怎么办？由于这项特定的工作有很多中间环节，所以增加了协调的难度。管理人员在组织某项工作时往往只偏重于自己本身所应完成的职责，将工作传递到相关工作部门与工作岗位之后便听之任之了。这样，你会发现工作总是不能按时完成。在检查工作结果的时候，所有的中间环节又各自抱怨给予自己的时间太短了，或者是某个中间环节耽误的时间太久了等等。而工作结果只有一个，那就是你没有按期按质量完成工作，你的业绩等级被打了折扣。所以作为一名管理者，要把握工作的完整性。在事先给定各个中间环节完成时间的同时，要经常关注他完成的质量与进度，以免其中的某个或是某些环节影响整体工作进度。所以，作为一名组织者，你的职责不仅仅是将文件传递出去，更重要的是敦促中间环节处理者按你的要求及时完成分管职责。

制订一份工作计划。对于技术与管理员工，制订计划的周期可定为一个月。华为曾因为细节管理不到位，导致工作效率不高。任正非表示："职业化、规范化、表格化、模板化的管理还十分欠缺。华为是一群从青纱帐里出来的土八路，还习惯于埋个地雷、端个炮楼的工作方法，还不习惯于职业化、表格化、模板化、规范化的管理。重复劳动、重叠的管理十分多，这就是效率不高的根源。我看过香港秘书的工作，有条有序地一会就把事做完了，而我们还要摸摸索索，做完了还不知合格否，又开一个小会审查，你看看，这就是高成本。要迅速实现 IT 管理，我们的干部素质，还必须极大地提高。"

　　任正非彼时也曾忧虑地说："我们的游击作风还没有褪尽，而国际化的管理风格尚未形成，员工的职业化水平还很低，我们还不具备在国际市场上的驰骋能力，我们的帆船一驶出大洋，就发现了问题。"

　　于是，从 1997 年开始，华为与国际著名的顾问公司合作，大力改革人力资源管理制度。逐步建立起了以职位体系为基础、以绩效与薪酬体系为核心的现代人力资源管理制度。促使华为员工的任职能力不断增强，从而使员工承担的责任越来越大，职业化水平越来越高，打造出一支可以推动华为更快速发展的职业团队。

第二节　细节管理创造效益

　　一个企业经营效益的好坏靠什么呢？如何获得高速良性的发展？是扩大销售、控制成本费用，还是说加强企业文化建设？……其实这些都是，也都不是。"都是"就是指这些都指出了提高经营效益的方向，"都不是"就是指这仅仅指出了方向，但还没有落到实处。什么叫落到实处？那就是精细化管理。

　　向精细化管理要效益，要在提高全员意识上下功夫。精细化管理是一种理念，是一种意识，更是一种精益求精的态度。企业的各项管理是通过全体员工去实施和运作体现的，精细化管理是一个全员参与的过程，只有每一个人都参与到精细化管理之中，精细化管理才能发挥出成效。

　　向精细化管理要效益，要在成本控制管理上下功夫。成本管理是施工管理的一个重要方面，也是合理控制费用支出的一个有效措施。企业应加强对成本执行情况的实时监控和有效监督，提高其科学性和准确性，发挥成本管理的硬约束作用。

企业如同大海，而大海是由一点一滴的水组成。企业的费用和成本也是如此，这里节省一点，那里节省一点，加起来就会成为庞大的数字。只有从点滴节约做起，企业才能够最大限度地节约成本，从而获得巨大的经济效益。"勿以善小而不为，勿以恶小而为之。"节约也一样，不论大小。大处着眼，小处着手，节约应当从一点一滴做起。

也许有人会说，在管理日趋完善的今天，向精细化管理要效益谈何容易，况且花费过分的精力会不会得不偿失？答案是否定的。罗伯·柯南道尔出任美国航空公司 CEO 之后，实施了一系列精细化管理策略。客机机身除了涂上美航标志外，不再加任何的油漆，不上漆的飞机比原来轻了 400 磅，使每架飞机每年节约燃油约合 1.2 万美元。同时，机内换上轻材料做成的座椅，推车也换成强化塑钢的，头等舱全部换上轻型的器皿，这样一来，飞机又减掉了 1500 磅的重量，每架飞机每年又可节约 2.2 万美元。这些小的改变，很快取得了显著的效果，美国航空公司变成了美国最赚钱的航空公司。

管理大师彼得·德鲁克曾说："企业家就是做两件事，一是营销，二是削减成本，其他都可以不做。"在市场经济大潮中，企业要生存就要控制成本，讲究经济效益。只有以尽可能少的成本，创造尽可能多的价值，企业在竞争中才能立足。

实行预算管理，从源头上节约成本。成本预算就是让企业事先预想到各种可能的成本支出项目，把不合理的支出"删除"掉，从源头上控制支出。对现存的每一项支出，都问一句：如果削减这一成本，真的会影响收入和利润吗？它是怎样并且是在哪里产生这一影响的？如果找不出"怎样"和"哪里"，那么你就不需要这一成本。在制定出合理预算后，关键要点就是认真监督每项支出，并提出问题：是否每项支出都进行了计划？是否属于预算范围内的支出？千万不要让成本费用开支失控。对超出预算的成本支出，要找到超支的原因，采取相应的补救措施，想办法制止。

成本控制是一门花钱的艺术，如何将每一分钱花得恰到好处，将企业的每一种资源用到最需要的地方，这才是成本管理的关键。它是全方位、多角度、突破企业边界的成本管理体系。在企业成本结构中，更应着眼于产前的产品设计、材料采购的成本控制，产后的产品营销和顾客使用成本的控制，以及跨组织的成本管理。企业中通常存在着 8种浪费：过度生产、等候、库存、多余的动作、返工、用工不当、运送和过度加工。针对这些浪费，我们不妨尝试下列解决办法看成效如何：1.按订单组织生产；2.零库存；3.合理布局设备；4.设备改进；5.工装改进；6.工序流畅；7.严格 6S管理；8.作业标准化；9.明晰产品，结构清晰；10.组织扁平化；11.共享开发计划；12.与上游合作伙伴有效沟通；13.机器取代人力；14.提高技能，精简编制；15.加强决策科学性。

一个企业要想效益好，在细节上是不可少下功夫的。不能忽略小的地方，只有把小的地方做好了，大的地方才能做得好，全部做好了，利润也就跟着来了。

一位妇女每星期都固定到一家杂货店购买日常用品，在持续购买了 3 年后，有一次店内的一位服务员对她态度不好，于是她改为到其他杂货店购物。12 年后，她再度来到这家杂货店，并且决定要告诉老板为何她不再到他的店里购物。老板很专心地倾听，并且向她道歉。等到这位妇女走后，他拿起计算器计算杂货店的损失，假设这位妇女每周到店内花 100 元钱，那么 12 年她将花费 6.26 万元。只因为 12 年前的一个小小疏忽，导致了他的杂货店少做了 6.26 万元的生意！细节就是那些琐碎、繁杂、细小的事。细节因其"小"，往往被人忽视。细节因其"细"，也常常使人感到繁琐，不屑一顾。然而，很多时候，细节很可能决定事情的成败。新疆一家企业把出口商品的产地乌鲁木齐写成"鸟鲁木齐"，一点之差，损失数十万元。至于"一口痰吐掉一桩生意"、"一顿饭吓跑外商"的故事更是比比皆是。

20 世纪 80 年代初，日本车进入美国市场，并且销路顺畅。很多人认为是由于日本车便宜、省油，也有人认为是日本车车身小，省停车位。但对购买者的调查显示，真正让美国消费者动心的是日本车在驾驶座旁边有一个茶杯座。

日本人觉察到了开车人的需要，或者说是激发了开车人的需要，凭着这么一个小小的茶杯座，一下子征服了美国消费者，使得日本车在美国市场长驱直入，也使得美国车商开始研究日本的营销策略。一个市场的取得，往往在于一个绝妙的营销策略，而一个好的营销策略可能仅仅是使产品多了一个"不起眼"的功能，满足了顾客尚未苏醒的需求。

还有一个故事是关于南京金陵饭店的。一位客人到金陵饭店用餐，在吃燕窝时觉得自己吃的燕窝没有一点甜味，同伴们却说燕窝很甜。客人把服务小姐叫来质问。领班小姐解释说是一位服务小姐无意中听到了这位客人有糖尿病的谈话，因此特意叫厨师给这位客人制作了无糖型的燕窝。这位客人十分感动，决定以后到南京只住金陵饭店。

一个服务型企业不再满足于让顾客满意，而是让顾客感动。而让顾客感动，不在于豪华的设施和味美的饭食，而是细微处的关怀和呵护。

品牌效益是无价的，声誉是一个公司的命脉，好的声誉就像一个好的品牌，无疑会给公司带来十分可观的利润。那么，声誉从何而来？声誉从做好每一个细节中来。再小的好事和商机，积累了，做好了，久而久之，也就成了大好事和大商机。其实，赚钱的秘诀也就在这里。

深受欢迎的肯德基，就是一个懂得追求细节的公司。当年肯德基进入中国市场的时候，就在细节上做足了功夫。肯德基认真调查了中国的餐饮市场，搜集、分析各种精准的数据，甚至调查了中国人的平均身高、饮食口味、人均收入、消费水平等，以此来定位食物的搭配、店面的装潢。这样肯德基一面市，很快就被大家接受了，市场销售非常好，从而赢得了巨大的利润。在细节上下足功夫，避免了盲目投资造成资源浪费，保持在市场竞争中的强有力地位。

国内餐饮企业非常多，但是能做到肯德基这么好的很少，为什么？就是因为大部分餐饮企业不懂得去追求细节，在持久的商业竞争中招致惨败的命运。因此，不能小看细节的力量，明智的个人或者企业，都不会放弃在细节上下功夫。因为细节直接涉及切身利益。细节决定成败，也决定了利润。

让关注细节成为我们的习惯，这种精神应该在企业里自上而下地灌输。让每一位员工都来关注细节，将关注细节落实到行动中。[1]

技术创新是资金密集型投资活动，离开资金投入就谈不到技术创新，而华为又是一家民营企业，民营企业的发展瓶颈又恰恰在资金短缺，因而华为对技术创新的资金支持，确实值得称道！其中最值得一提的是，华为

1　邱玉栋，王华玉.节约倍增效益.北京：机械工业出版社，2009.5

为了技术创新而经常勒紧裤带过日子，例如华为在初创时期，就将自己以代理方式所获得的微薄利润，点点滴滴地投入技术开发上，利用压强原理，局部突破，逐渐取得利润，而后又把利润投向新的技术研发，如此周而复始，心无旁骛。

任正非曾这样说道："成本控制良好情况下的成长才是健康成长，否则风险太大。华为正处在从销售拉动型转变为精细运营的关键时期，未来的利润会更多来自我们的效率提升和成本控制。"

与大多数中国企业一样，华为最初也是采取粗放型经营模式，但企业做大之后这种粗放型经营的弊端就显现出来了，即出现所谓的"增产不增收"的效益递减现象。"过去签一个单子就能够保证全年不饿，而现在如果收不回尾款就只有饿肚子了。"华为海外的一位销售主管如此说道。

这也使任正非意识到，华为在相当长的时间内在公司整体经营方面与国际一流企业相比还存在比较大的差距。1997 年 1 月 23 日，任正非在市场前线汇报会上说："管理中最难的是成本控制。没有科学合理的成本控制方法，企业就处在生死关头。全体员工都要动员起来，优化管理，要减人、增产、涨工资。明年生产要翻一番，但人员不一定要翻一番。从管理中要效益，只有在管理上进步了，我们才可能实现机关干部与研发人员、市场人员同工同酬。"

1997 年，任正非到美国参观考察 IBM，受到了极大的触动。华为每年将销售额的 10% 投入产品开发，但是研发费用浪费比例和产品开发周期却是业界最佳水平的两倍以上，人均效益只有 IBM 的 1/6。

1998 年，任正非决定引进 IBM 的 IPD（集成产品开发）项目。IPD 强调以市场和客户需求作为产品开发的驱动力，通过改变产品开发模式，缩短产品上市周期，从而降低开发成本，最终提高产品的赢利能力。

第三节　从细节中获得竞争优势

生意不好的餐馆，通常会在菜的味道上下功夫，但这时厨师就成了餐馆的瓶颈；生意好的时候，就餐场地不够用，服务又成了瓶颈。但海底捞却另辟蹊径，做到了与众不同。

海底捞从另一个角度出发，重新设计与组合了这一行业的核心经营要素，最终成功地建立了自己独特的核心竞争优势。

去过海底捞的朋友都对其印象深刻，通常都会把它的成功归因于通过深化服务细节，全面提升了服务的质量。比如：

1. 入座后，马上有服务员过来和你打招呼，送上一张温馨的笑脸，并介绍自己的名字，而不是像别的餐馆一样，让你满地找服务员。在海底捞每桌都有固定的服务员负责，责任明确，同时还会有备份。更重要的是，当你也开始叫他／她的名字时，无形中已感觉这个服务员不再陌生。

2. 点菜时可以点半份，并会及时提醒你不要点多，而不是像别的餐厅一样唯恐你点的菜不多、不贵（为客户着想，不浪费）。

3. 送上各种防护用品。如围裙（已经从塑料的换成了布的，感觉更舒服）、装手机的塑料袋等（帮你考虑到了吃饭之外的细节）。

4. 可以代客人买酒水。

5. 有拉面条的表演。即使表演有失误，表演者也不会有任何沮丧，而是能够立即自我解嘲，重新开始。这说明餐馆的管理中，允许出现这样的情况，并且有应对措施。不像其他的餐馆，如果由于员工的失误引起损失，老板马上会给他脸色看。

6. 等位时，有各种免费饮料、娱乐、游戏，让等位变成一种乐趣。我曾听到一位去过海底捞的朋友因没有等座位而感到特别遗憾："早听说海底捞等座位特别有意思，但这天去了直接就有座位，没等着！"

像这样的细节还有很多。结果就是大家每次去了都很开心，不像到了别的餐馆，虽然味道可能也不错，但总有点让你不开心的地方。

由此可以看出，细节服务通过四个阶段实现了竞争优势的再造：

阶段一：细节服务的运作管理。该阶段内容包括细节服务的管理机制、执行机制、决策机制、理念机制、整合机制、服务过程、品牌管理等七个模块。

阶段二：企业优势的形成。通过阶段一的运作管理，形成了企业优势，包括管理机制优势、服务执行优势、领导决策优势、企业文化优势、资源整合优势、客户满意优势和市场品牌优势。

阶段三：竞争优势的凸显。通过阶段一和阶段二的运作，两大竞争优势开始凸显，分别是管理竞争优势和市场竞争优势。这两个竞争优势带来企业利润优势。

阶段四：竞争优势的确立。通过企业管理优势、企业利润优势和市场竞争优势，共同形成了竞争优势。

2004年底，国际航空联盟决定在亚洲遴选一座有超级吞吐能力，且在软硬件上都过硬的机场，作为国际客运及货运的航空枢纽，成为各个国际航班的中转站。选定后的这个航空枢纽预计年乘客运输量在3000万人次以上，货物吞吐量达200万吨。如果哪家机场能幸运地最终入选，那么每年在收取停机费以及提供其他机场服务等方面，就会有近2亿美元的收入。

此消息一出，亚洲各国机场纷纷摩拳擦掌，积极申报参与竞争，都力争将这块大肥肉据为己有。最终韩国仁川等几家机场从众多申报者中脱颖而出。

接下来，国际航空联盟的官员们开始对这几家机场展开调研，一一打分。很快，凭借着机场现有的吞吐能力和已定下的未来扩建规模，其中一家机场和地处东北亚交通网中心的仁川机场进入了最后的决赛。

决赛争夺尤为激烈，因为在各项硬件条件上，两家机场不相上下，现在就看谁的软件服务更胜一筹了。

国际航空联盟的几位官员乔装成普通乘客，偷偷到两家机场"明察暗访"，在登机以及乘坐的过程中，两家机场都给予了同样的规范化服务，难分伯仲。

但是，等暗访的官员们下了飞机，来到行李区取行李箱时，却发现在仁川机场拿到的箱子非常干净，几乎是一尘不染，但在另外一家机场取到的箱子却脏兮兮的，有一位官员的箱子甚至无缘无故地新增了一道裂纹，好像是被摔过似的。

为了查明这个小细节的原委，官员们开始现场调查，他们发现当行李箱从滑梯上滑下来（当时机场有专门工作人员帮着下行李，与今天的自助式不同），仁川机场的地勤工作人员面带微笑，小心翼翼地接过行李箱，然后用一块抹布将整个箱子从头到尾认真地擦了一遍，再将其小心翼翼地摆放到行李车上，等着乘客来取。整个过程，工作人员像在从事一项非常高尚的工作，不仅全身心一丝不苟地投入，而且发自内心地喜爱和热爱。

而在另外一家机场，官员们却发现了另一番景象——当行李箱滑下来，地勤工作人员接到后，随意地使劲将其朝放在一旁的行李车上一扔，发出

"轰"的一声响。有时没扔准，掉了出来，他们则显得很不耐烦，恨不得上前端上一脚。工作中，他们表情麻木，感受不到一点对这份工作的喜欢和享受。

随后，官员们询问了几名来取行李的乘客，他们都是每周至少要来该机场乘坐一次航班的商务人士，官员们提出的问题是："你们随身的行李箱，因为损伤一般多长时间需要更换一次？"得到的回答是："一年，最多一年半。"

3个月后，结果出来了，这家机场输给了仁川。为何是仁川？国际航空联盟给出的解释是这样的：我们不能把每年200万吨乘客携带的货物交给一群不热爱自己工作的人来随心所欲地处理，这不符合亚洲中心空港的要求，也不符合每年近3000万次乘客的心愿！

当这家机场得知自己败给对手的真正原因时，追悔莫及。他们怎么也没想到自己竟然是输在这个小小的、几乎可以略掉的"细节"上，虽然他们表示立即整改，然而一切都晚了，不仅没能拿到每年近2亿美元的收入，而且为迎接检查所做的一切投入和努力都付之东流。

1992年，IBM在激烈的市场竞争下，遭遇了严重的财政困难，公司销售收入停止增长，利润急剧下降。郭士纳正是在此时出任 IBM CEO，经过分析，他发现IBM在研发费用、研发损失费用和产品上市周期等几个方面远远落后于业界最佳。为了重新获得市场竞争优势，郭士纳提出了将产品上市时间压缩一半，在不影响产品开发结果的情况下，将研发费用减少一半的目标。为了达到这个目标，IBM公司率先应用了集成产品开发（IPD）的方法，在综合了许多业界最佳实践要素的框架指导下，从流程重整和产品重整两个方面来达到缩短产品上市周期、提高产品利润、有效地进行产品开发、为顾客和股东提供更大价值的目标。

这一方法的实施也使得技术强大但缺乏章法的 IBM 获得了新生，成功地推动了 IBM 技术向市场转化的商业路径，使企业各个环节成为一个有机的整体。IPD 在 IBM 这个巨人身上获得了巨大的商业成功。

1997 年，华为也遇到了当初 IBM 公司遭遇的问题，在战略管理和项目管理之间矛盾重重。华为在中国市场得以成功一个非常重要的原因，就是依靠"狼性"，即敏锐的嗅觉来把握市场需求并迅速推出产品。但是，华为的技术人员重功能开发、轻产品的可靠性和服务质量。因此，开发出来的产品到了市场上之后许多问题一下子就暴露出来了。

对于当时还未完全结束粗放型经营的华为来说，它开发的产品中有相当一部分是极端复杂的大型产品系统，如 C&C08 交换机、GSM、数据通讯、WCDMA 等，其软件规模均超过了千万行代码，由分布在不同领域里的数千名开发人员历时 2 ～ 3 年方能完成。要管理和协调这么一支庞大的开发团队，保证千万行代码不出现差错，不仅需要超人的智慧，更需要一种有效的管理策略。

1997 年，近距离观察 IBM 之后，任正非发现，IBM 等高科技企业的研发模式不是单纯为了提高产品开发速度，而是在保证产品质量的前提之下缩短产品的上市周期（TTM，Time To Market）。

IBM 的成功让任正非怦然心动。一年后，华为用"照葫芦画瓢"的强硬方式推行 IPD。

1998 年初，华为开始自己设计并摸索实施 IPD，但是由于自己设计的 IPD 方案考虑欠缺，流程在实际运行中有诸多不合理之处而惨遭失败。任正非认识到，华为再也不能闭门造车。于是，华为在国内第一家引进和实施西方公司的 IPD。

粗放管理与精细管理

1. 粗放管理

随着中国市场的开放，市场需求迅速增大，很多企业迅速发展壮大。其中有些企业的员工甚至能从十几个人发展到几千人，销售收入在两三年内就能急剧扩展到十多个亿。但随着市场的逐渐饱和以及市场竞争的日趋激烈，这些企业由于缺乏长期规划而很快衰败，这就是典型的粗放型管理企业。

粗放管理使得企业的生产效率、产品质量及服务水平都无法提高，是一种低层次的经营模式。粗放管理有如下特征：

（1）过程差不多，结果差很多

有些企业引进国外先进的技术、设备、管理模式，也轰轰烈烈地搞了一阵革新，过程看上去没什么大问题，结果却差了很多。

粗放管理就是一种"差不多"的管理，而根本谈不上是标准化、科学的管理。很多企业领导张口就是企业将实现10%的增长，但实际上却没有任何有说服力的依据。企业在进行质量管理时，常常自我感觉良好，而实际上却对产品合格率、每道工序的能力和成本等情况都知之甚少。

粗放管理实际上是一种短暂的管理，企业事先并没有进行周密的长期规划，企业政策往往是朝令夕改，不稳定性极大，抗风险能力极低。粗放管理不利于企业的长期发展。

（2）热衷于玄学式管理

粗放型管理的另一个重要特征是：企业领导层热衷于形而上学的战略思考。将精力过度集中于空泛、高深的理论之上，而十分缺乏对细节问题的研究，企业缺乏行之有效、可操作性强的管理思想。例如，很多企业的高层领导者更乐意探讨如何从《孙子兵法》和《易经》等古籍、玄学中获取管理企业的灵感。

（3）管理形式化与表面化

很多中国企业的硬件设施与国外企业相比一点也不差，如国内很多企业建立了最先进的信息管理系统，但是服务质量却无法与国外企业相提并论。与软件相比，硬件就是表面化管理，表面上似乎已达到世界一流水平，但实际在软件管理上却没有达到国外同行的水平。简单地说，成本与效率之间不成正比，企业竞争力依旧没有实质性的提高。

粗放型管理在管理实践过程中经常出现形式主义，经常刮"一阵风"，水过地干。很多企业往往片面地追求建立自己的企业文化，例如强调"质量重于泰山"等口号，而实际上却并不实行。质量管理虽然是公司管理的一个非常重要的方面，但不是公司管理的所有方面。企业抓质量时，质量重于泰山；抓安全时，安全重于泰山；抓增长时，则又增长重于泰山。这些都是形式主义，没有太多的实际意义。

2. 精细管理

精细管理是一种高效、务实、集约型经营模式，是细节管理的一种体现。精细管理具有以下特点：

（1）强调标准化、数量化与可执行性

精细化管理强调数量化和精确性。在这样的背景下，严谨成为一种习惯性行为。管理者对成本情况、材料来源和增长趋势等方面的因素都必须有充分的了解和足够的依据来支撑自己的判断。强调各类数据的重要性、准确性，将管理数量化并以提高管理的精确性作为企业管理的目标。

产品的高质量不是靠企业夸夸其谈吹出来的，而是要通过具体的指标来体现。精细管理不再像粗放型管理那样采用"差不多"的说法，而更多的要依靠严谨的行为。精细管理通过对数据的分析研究，来确定具体如何操作。

（2）建立并不断改进最佳流程

最典型的是丰田汽车的生产流程，丰田汽车在企业迅速成长后，依然能清醒地认清现实，抓住机会加强对企业的管理，实现了管理精细化、节约化。像通用电气这样的公司经历了世界大战都没有垮掉，就是靠精细化管理增强了企业抵御强劲风险的能力。对于一家完全靠需求而发展起来的企业来说，当企业达到一定规模而需求开始下降时，企业不可避免地会陷入困境。

培育优秀的企业 DNA——越是高端的竞争越是细节的竞争。面对不断变化的外部环境而随之相应变化，以建立完美的流程为中心，强调不断改善，降低外界环境变化对企业发展所造成的影响。

（3）关注资金流

实行精细化管理的企业，十分关注企业的财务状况，尤其成本和各个重要的周转指标。公司关注企业的财务指标、收入、成本、利润和资金周转等状况。提高产品质量是为了最大限度地使客户满意，销售是为了增加公司的收入，公司不能为了改进质量而改进质量，而应想尽各种办法尽量降低成本，提高生产力，进而改善企业的财务状况。通用电气采用 6 西格玛的战略，是因为它提高了公司的生产力，能给公司带来价值，为股东带来价值。归根结底，对企业来说，最重要的是财务。采用什么样的管理办法，主要看它能否为企业带来价值。

（4）讲求柔性管理

"精益生产、精益管理"，望文生义就是追求精益求精，是企业保持持续改进、持续发展、持续提升的精神渊源。精益管理讲求柔性管理，包括生产线的柔性管理，组织的柔性管理，产品品种、数量的柔性管理，以及员工的柔性管理。

生产线的柔性管理表现在流程、设备、技术、规格可以自如地随着市场需求的改变而改变，并能够迅速调整生产。由于这种柔性管理使得"大量客制化"（Mass Customization）成为可能，戴尔电脑的客制化直销就是一个成功的典范。

组织的柔性管理的基础是人员的柔性管理。精益生产要求员工具有多项技能，可以随着生产的需要在多个部门、岗位上胜任，具有在多功能团队中担任不同角色的能力，即具备柔性管理工作能力。

（5）提案制度

精益管理的另一项基础工作是提案制度。被称之为"丰田主义"的合理化思想是丰田汽车成功的一块基石，这也是提案制度的文化背景。提案制度要求全员参与，请员工不断提出有利于企业发展、有利于提高效率、提高质量、消除浪费、改善分内工作、从微小处着手的合理化建议。管理层非常重视、鼓励、奖赏员工的参与和建议，哪怕是再小的建议也会被大张旗鼓地采用推广。丰田 20 世纪 80 年代每年的提案超过 70 万件！提案采用率达 82%，员工参与率达 65%，平均每人每年 24 件。

（本文摘编自：刘加福 . 赢在细节管理 . 中国纺织出版社，2008.4）

HUAWEI

第五章

细节决定成败

第一节　细节是制定战略目标的基础

战略管理大师迈克尔·波特认为：战略的本质是抉择、权衡和各适其位。

所谓"抉择"和"权衡"，就是我们所谈的每个战略制定前的调研分析，以便做出最后决定的过程；"各适其位"就是对战略定下来以后的具体细节的执行过程。那么，这个前期的过程，拆开来看，就是对每一个细节的关注。

兰德公司（RAND）是当今美国最负盛名的决策咨询机构，一直高居全球十大超级智囊团排行榜首。它的职员有 1000 人左右，其中 500 人是各方面的专家。兰德公司影响和左右着美国政治、经济、军事、外交等一系列重大事件的决策。

1950 年，朝鲜战争爆发之初，就中国政府的态度问题，兰德公司集中了大量资金和人力加以研究，得出 7 个字的结论："中国将出兵朝鲜。"要价 500 万美元（相当于一架最先进的战斗机价钱），卖给美国对华政策研究室。研究成果还附有 380 页的资料，详细分析了中国的国情，并断定：一旦中国出兵，美国将输掉这场战争。美国对华政策研究室的官员们认为兰德公司是在敲诈，是无稽之谈。

后来，从朝鲜战场回来的麦克阿瑟将军感慨地说："我们最大的失误是舍得几百亿美元和数十万美国军人的生命，却吝啬一架战斗机的代价。"

事后，美国政府花了 200 万美元，买回了那份过时的报告。

"中国将出兵朝鲜"七个字，字字无价，那 380 页的资料是兰德公司研究了多少细节问题才总结出来的呢？

军事上的战略决策要从研究每个细节中来，其他类型的战略决策也同样如此。调研重细节，决策靠数据，而数据则是通过科学认真的态度实际考察、积累而得出事物发展的内在规律。

航站楼单体建筑面积内地第一，号称中国第四大国家门户枢纽的昆明长水机场，自 2012 年 6 月 28 日投入使用后，就一直风波不断。

引发风波的是机场所在地"糟糕的天气"：大风、大雾、暴雨、大雪……昆明四季如春，而这些糟糕的坏天气，却在距市中心仅 20 多公里的机场轮番上演。第一次大规模的乘客滞留，发生在新机场启用刚满月。因为暴雨，延误出港航班 44 个，取消出港航班 10 个。

这仅仅是"恶名"的开始。2013 年 1 月 3 日的"万名旅客滞留"事件早已全国闻名。当时的原因是大雾。事后，云南机场集团不得不发表公开致歉信，云南省政府更专门要求长水机场采取措施，建立更详细的应急预案。但批评过后，乘客迎来的是再度的循环。2013 年 5 月 23 日，一场暴雨再度将长水机场打回了原形。情绪失控的乘客，甚至排成人墙阻止其他航班乘客登机。

冬天更让人担心。2013 年 11 月 30 日，仿佛是上一年冬天一幕的重演，又是大雾，又是万人滞留。半个月后，威胁变成雪花。长水机场由于除冰能力准备不足，不得不让机场临时性关闭。近两万名旅客又上演了滞留机场的混乱场面。

"在昆明这个四季如春的城市,能找出长水这么个多雾多雪易结冰的地方来,真心不容易……"有昆明市民调侃道。长水机场因此被网友戏称"奇葩"机场。对于大雾,原来的长水村村民并不意外。此前多名村民表示,每年12月份到新年1月份,是大雾多发期,会有十余次起雾天气。长水机场所在地属于云南冷空气的入口,又是昆明准静止锋常影响的区域,一旦有西南暖湿气流配合,就会起雾。容易起雾还在这选址,这正是大家最大的疑惑。

20世纪90年代,云南提出建设新机场,一些老同志曾提出过建议:"我们应保留巫家坝,作为国内、省内的支线机场,再新建一个规模不大的机场,作为对接国际的机场。"

保留巫家坝的建议很快就遭遗弃。"放弃巫家坝机场是为了开发房地产,巫家坝位于昆明市区,寸土寸金。"昆明当地的一名官员表示,新机场建设需要大量的钱,"置换巫家坝,正可弥补这块的财政损失"。最后,新昆明机场选址主要在晋宁县新街乡与嵩明县小哨乡之间举棋未定。

晋宁靠近滇池,是平原地带,净空条件好,气象条件优越,正是机场选址的绝佳之地。但缺点是位于滇池流域最好的良田上,人口密集。

若选择晋宁,"仅机场网线内就至少得占用3万亩良田,搬迁2万余人口"。民航云南监管局副局长李宏学曾给出数据。而这笔巨额拆迁费,是由地方政府解决。

相形之下,气象条件较差的小哨场乡址多是荒山荒坡,其经济优势脱颖而出。而在具体选址上,"最早定的方案,是在军马场(当地一处地名)"。但方案获批之后,机场方面又做了微调,把机场向城市方向南移了四五公里,挪至目前的长水地块。

如此选址并非无可挑剔，但外界质疑的焦点在于，长水场址未做气象条件评估。提交审批的《昆明新机场项目环境影响报告书》，引用的却是军马场的气象数据。

在其中的"场址区域基本气象情况"部分，风速、大风、风频、云高、雷暴共 5 项均使用了军马场的数据，如"军马场雷暴天气主要出现在夏季的 6 ～ 8 月"。而目前频频扰乱长水机场的大雾，却不见评估情况报告。

"军马场距离现在的场址有四五公里远，有可能是当时觉得相距较近，没有再做新的气象监测。"

长水机场正是不尊重科学决策的结果。而这个试图省钱的机场，实际上并未如愿。长水机场场址位于典型的喀斯特地貌区域，地质情况十分复杂，导致施工需要大量的土石方填筑，使其成为当时国内最大的土石方工程。选择目前方案的理由是为了更省钱，现在大把的钱都扔到了土石方里，其中缘由，值得深思。[1]

企业战略目标就是企业的使命和发展愿景，是企业家为适应未来环境的变化，对生产经营和持续稳定发展中的全局性、长远性、纲领性目标的谋划和决策，应建立在市场需求调研和大量数据的积累基础上。

按照美国著名心理学家亚伯拉罕·马斯洛的需要层次理论，人的需求是无止境的，社会经济文化的发展不断创造新的消费对象；人的基本生存置于最底层，满足生理需求是追求其他需要的基础，需求层次越高，可塑性、变异性越大、越长久，高层次的需求更丰富、更复杂。

按照这一理论，调研必须谨慎认真地汇总各层次的需求，结合企业自身的资源配置，加工整理，形成可供决策者决策的依据。如果只是走马观花，

1　吕明合.雾锁昆明机场，机场选址：是省钱还是"不尊重科学".南方周末，2014.3

科学务实的精神得不到细致发挥，得出的数据完全不能真实客观地揭示事物发展运动的内在规律，其联系也牵强附会，往往是错误决策的佐证，其后果不言而喻。所以一个好的战略决策必须是在做好细节的情况下，通过周详的分析做出的。

一个不争的事实是：战略与细节共存于一个管理实体中，而且远不是管理结构的全部。战略和细节中间还有一段很重要的管理躯干部分——能力分支系统：一个由任务、资金、人力、流程和制度、文化、计划的时空间组成的管网状系统。如果把战略规划比作大脑或心脏，把组织能力分支系统比作躯干，那么细节执行就是微循环和末梢神经系统。只有当战略与细节通过能力分支系统衔接一致后，两者的价值才能实现，才有可能取得成功。细节是在战略规划的指挥和控制下，通过组织能力分支系统与有目标的人之间，重复循环发生作用后才产生管理能量的。

很多人误认为战略是少数人的事，其实这不只是领导者的事，也是每位员工的事。如果员工没有明确、统一的战略观念，也就不可能正确领会领导者的战略意图，执行必然是被动和消极的，这既加大了企业的管理成本和难度，也无法使员工真正将每个细节都执行到位。无数的餐饮连锁企业败在肯德基、麦当劳面前，原因很多，但众所周知的便是这些餐饮企业的服务达不到肯德基、麦当劳的标准化。如：厨房可以对外开放，员工一直自觉地打扫、清洁餐厅等。中餐要做到同样的"细节"，在没有做战略层面改进的情况下，就只能依赖"管理"、"培训"这些技巧。如：可以按照1:1的比例配备管理人员，"人盯人"地监督服务生等。最终越管越忙，越管越累，成本上升，矛盾加剧。于是便请专家、大师对员工进行培训、激励，员工听课听得热血沸腾，决心改进服务，可听完后回归原形。据不完全统计，这些培训课、激励课对员工"细节"的改进作用于一周后就下降到不足 3%。为了细节而细节，反复折腾，其结果便是"欲速则不达"。肯德基、麦当劳之类的企业，"细节"的完美形成是如此的顺其自然，就如同人需要呼吸一样自然。原因是他们的"细节"源于"战略"，是企业核心能力的自然外化。同此，企业要成功，"战略"是前提。在准备"关注细节"，打算把"小事做细"、"细节做透"之前，一定要检查战略是否正确，唯有正确的战略才有成功的可能。

阿里巴巴董事长马云曾说过："刘国梁、邓亚萍这些人打球，球网上加一个很小的缝，他们发 3 个球就能穿过去，估计我发一万次都穿不过去，那是细节上的苦练。有人说：'你真牛，6 分钟说服了孙正义。'首先告诉大家，其实是他说服了我。但在见孙正义前，我在硅谷至少被拒绝了 40 次。

"所谓赢在细节，就好比所有人看一个人踢腿真漂亮，其实你根本不知道他每天早上踢两万下。格局，'格'是人格，'局'是胸怀，细节好的人格局一般都差，格局好的人从来不重细节，两个都干好，那叫太有才！"

为了将战略目标更好地实施，华为采取了平衡计分卡这种细化的绩效考核方式。在《华为公司的核心价值观》中有这样的记载："针对绩效考核，我们根据公司的战略，采取综合平衡计分卡的办法。综合平衡计分卡就是我们实施整个战略的一种工具，它的核心思想是通过财务、客户、内部经营流程及我们在学习和成长过程四个方面相互驱动的因果关系来实现我们的战略目标。

"平衡计分卡（BSC）关键在于平衡：关于短期目标和长期目标的平衡，收益增长目标和潜力目标的平衡，财务目标与非财务目标的平衡，产出目标和绩效驱动因素的平衡，以及外部市场目标和内部关键过程绩效的平衡，也就是我们从战略到指标体系到每一个人的 PBC（个人业务承诺 Personal Business Commitments）实施，都经过平衡计分卡来达到长与短、财务与非财务等各个方面的平衡。"

20 世纪 90 年代，哈佛商学院的罗伯特·S·卡普兰教授和诺朗诺顿研究所所长戴维·P·诺顿总结了 12 家大型企业业绩评价体系的成功经验，在此基础上，提出了一种适应信息时代的新兴绩效评价方法，这就是平衡计分卡。平衡计分卡是把企业及其内部各部门的任务和决策转化为多样的、相互联系的目标，然后再把目标分解成多项指标的多元业绩评价系统。这一方法提出，公司应从 4 个角度审视自身业绩：学习与成长、业务流程、顾客和财务。平衡计分卡提供了一个全面的衡量框架，一个能够将公司实力、为客户创造的价值和由此带来的未来财务业绩建立联系的框架。

平衡计分卡不仅提供过去成果的财务性指标，同时从顾客、内部流程和学习与成长等三方面弥补传统方法的不足。而且，使绩效考核与战略目标联系起来，将绩效考核作为实施战略的工具，寓战略于绩效考核之中，使之不仅成为一项绩效考核工具，更是一项战略实施工具。

华为引入平衡计分卡，使公司从战略到指标体系到每一个人的平衡计分卡指标，达到最佳平衡状态。[1]

1　程东升.任正非管理日志.杭州：浙江大学出版社，2013.5

第二节　祸患常始于对细节管理的忽视

细节问题往往是企业中浅层次、显性的问题，是员工每天耳闻目睹、许多是举手之劳就能解决而没有解决的问题，重复出现却没有引起注意的、成为隐患而未引起重视的问题，最后成为制约和影响企业效益的大问题。《人民日报》记者在二滩水电站采访时发现，那里国产电机设备因存在各种各样的问题，损失达上亿元。究其原因，不是零部件加工难度大，也不是材质问题，而是生产厂家对诸如螺丝要拧紧这样的细节管理不到位。中国人在小浪底遭外商索赔最多的，也是源于对细节的疏忽。如一名中国工人在施工中掉了四颗钉子，不久中方就收到了浪费材料，索赔28万元的信函；又如某施工现场因为有积水和淤泥，外商索赔200万元。由此可见，一个产品也好，一支队伍也好，要在市场竞争中站稳脚跟，靠的就是质量！而质量就体现在一个螺丝、一个焊点这样的细枝末节。不论你有多高的科技含量，如果不是一丝不苟去做，不是一点一滴去努力，干什么都会走样，会失败。现在有些企业却恰恰忽视了这一点。他们总是习惯于"算大账"，很少"算细账"，搞扎扎实实的"微雕"。在这些企业里"跑、冒、滴、漏"比比皆是，原料、工时的浪费十分严重，致使产品的设计、制造、销售成本居高不下，结果是尽管产销量不断上升，经济效益却不能同步增长，甚至反而掉了下去。要克服这些不良现象，提高企业的竞争力，必须从细微处着手抓管理，加强查漏补缺，企业才能实实在在地抓出成效来。

我国前些年澳星发射失败就是源于细节问题：在配电器上多了一块0.15

毫米的铝物质，正是这一点点铝物质导致澳星爆炸，正所谓"失之毫厘，谬以千里"。

所以，要保证一个由无数个零件组成的机器正常运转，就必须通过制定和贯彻执行各类技术标准和管理标准，从技术和组织上把各方面的细节有机地联系协调起来，形成一个统一的系统，才能保证生产和工作有条不紊地进行。在这一过程中，每一个庞大的系统都是无数个细节结合起来的统一体，忽视任何一个细节，都会带来想象不到的灾难。同样，对于企业而言，在正确战略的指引下，只有通过细节管理，强化执行，才能提高企业管理能力，提升企业整体竞争实力。正如中国的一句古谚语所言：使你失败的是鞋里的一粒沙。细节固然有其微小、不足道的地方，但它却是构成整体和全局的基础，对于整体和全局而言，细节起着非常重要的作用，从这个意义上说，重视细节可以促进全局成功，忽视细节则可能导致全局失败。

2004 年 2 月，俄罗斯隆重举行了"安全—2004"首长司令部战略演习，按计划，"新莫斯科夫斯克"号和"卡累利阿"号核潜艇应当分别在 2 月 17 日和 18 日发射"PCM—54"弹道导弹，可是意外却不期而至。由于"新莫斯科夫斯克"号的导弹潜射系统发生故障，造成发射自动终止。一天后，"卡累利阿"号虽然完成了发射，但由于导弹偏离设定的轨道，在飞行了 98 秒后，自我销毁系统启动，导弹不得不以坠毁作为最后的表演。事后，俄国防部展开了严密的调查，结果发现，导致发射失败的主要是控制系统中的一个微小的计算错误。

中国企业在走出国门途中遭到海外一连串的知识产权"围剿"，就是因为不重视"专利"这个关键的细节。先是法国、美国、加拿大公司要求国内电视企业缴纳专利费，并以显像管、集成电路等配件上的专利权被侵犯为由，要求本国海关扣押从中国进口的电视机。随后，又有公司要求华为、大唐电信、东方电视等企业支付高额知识产权许可费。日本等国公司向中国企业发出律师函，要求中国企业停止生产数码相机、优盘等产品。

可以看出，近些年来，知识产权与技术创新领域出现了一个新特征：技术标准专利化。知识产权与技术标准关系日益密切，并与技术创新交织在一起。技术标准与专利的捆绑，是今天世界技术标准发展的重要趋势。技术标准的背后是专利，而专利的背后就是巨大的经济利益。

目前，许多发达国家、跨国公司和产业联盟都力求将自己的专利技术变为标准，以获取最大的经济利益。如果说，一个单项的专利技术只影响一个企业的利益，那么，当这项专利上升为国际标准的时候，它就能影响一个行业。

具有标准竞争力的企业的策略是"产品未动、标准先行"，在某种产品投入大规模生产之前，就试图制定和控制产品的行业标准。可以说，"技术专利化、专利标准化、标准垄断化"作为企业增强竞争力和扩大市场控制力的重要策略而被竞相采用。

思科起诉华为公司侵犯其知识产权一案之所以引起中国产业界的关注，最为核心的问题是，私有协议已不可避免地成为我国互联网产业发展和信息制造业发展的一大障碍。

美国《商业周刊》发表文章，认为思科诉华为案折射出中国在知识产权管理和产业布局上有三大缺失：

1．中国企业管理层没有法律专家

中国企业核心领导层往往由创业者、营销专家、财务专家或技术专家构成，没有法律专家。因此，企业无法在日常运营中预见投资、技术研发和产品推销方面的法律风险。此外，中国企业缺乏法律部门，在签订的合同中存在大量问题，宁肯花上百万元去打广告，也不愿意出钱聘请法律专家坐下来帮助企业搞清楚专利权的细节问题。

2．不重视"标准"中的知识产权隐患，造成被动和损失

中国在移动通信、摄像、录像、DVD、互联网以及银行信用卡等经济领域中没有自己的技术标准，而引进标准的同时却忽视了知识产权。中国人在翻译国际电工、欧盟数字电视联盟、美国的 MTV 以及 DVD 标准条款时，略去了有关专利等知识产权问题，以为标准公开就可以使用，没有注意到标准里的专利是要付费的。

3．没能够防止外国企业在产业布局上的"布雷"

中国企业注重引进外资，却没有能够在技术合作上根据法律争取自己的利益。

例如：据与美国波音公司合作的两大企业的总工程师反映，在与波音公司合作完成的所有产品中，中方人员率先提出过很多建议和方案，但只有美方工程师有权签字认可，其中许多方案可以产生中国人的专利。但中国工程师不但没有权利申请专利，甚至连提建议的权利也没有。"因为当初的合同就是那么签的！"这表明中国某些管理部门的产业布局能力和知识产权意识欠缺，对细节管理欠缺。

第三节　只有细节管理才有积累

1961 年 4 月 12 日，苏联宇航员加加林乘坐 4.75 吨重的"东方 1 号"太空飞船进入太空遨游了 89 分钟，成为世界上第一位进入太空的宇航员。他凭什么脱颖而出？凭什么能成为第一位进入太空飞船的人？原来，在确定人选前一个星期，太空飞船的主设计师罗廖夫发现，在进入飞船前，只有加加林一个人脱下鞋子，只穿着袜子进入座舱。正是这个细小的举动一下子抓住了罗廖夫的心，他对这个 27 岁的青年立即产生了好感。他认为这个年轻人既懂规矩，又非常珍爱他注入心血的飞船，于是决定让加加林执行人类首次太空飞行的使命。加加林通过一个不经意的细节，表现了他珍爱他人劳动的修养和素质，也使他成为遨游太空第一人。

在青岛啤酒集团车间，因工作需要，工人需要爬上爬下，因此放置了一架活动梯子。用时，就将梯子支上；不用时，就把梯子移到拐角处。为了防止梯子倒下砸伤人，工作人员特地在梯子旁写了一个小条幅："请留神梯子，注意安全。"后来，一家外方公司来该厂洽谈合作事宜，外方一位专家留意到这个梯子旁的小条幅，特建议将小条幅修改成这样："不用时请将梯子横放"。很快梯子边的小条幅就改过来了。都是 9 个字，这一改效果大不一样。这两个条幅都在讲注意安全生产，区别在于：前者仅仅是提醒，后者则是把梯子倒下砸人的潜在危险彻底排除了。这么一个大企业对梯子怎么放这个安全生产的小细节都规定得那么具体，可见他们对安全管理的严谨与精到。

　　管理是一个不断积累的过程，如果没有积累，企业会总在一个非理性、高成本、低效率的状态下运转，这种状况是不可能持续的。因为，管理始终面对几个矛盾的转换：管理者要不断把非理性转为理性，把非规范转为规范，把非程序转为程序，把不确定转为确定。这样，才能减低风险、充分授权给下属，也才能降低经营的波动，保持运行的稳定性，减少企业运营的成本。一个英国专家说：中国的财富是看得见的，英国的财富是看不见的。有人问他是什么意思，他说：比如建筑，中国的建筑人们可以看到它建起来，也能看到它倒塌；而英国古典的建筑可以维持几百年没问题。所以，中国的财富没有积累，因为要不断地重复建设；而英国的财富可以用来去改善社会的其他方面，使财富不断积累，社会不断进步。企业管理也一样，当管理者解决了一个问题，如果不去加以总结、规范，形成很细节的管理制度和方法，等到下次再遇到同样的问题，管理者或其他人还是缺少有效的方法去解决，就像这个问题是第一次发生一样。哪怕总结了，如果不细致，效果也是一样，因为，这种总结和规范不具操作性。这样，管理就不可能有积累，企业的管理成本就会居高不下。

　　一个不注重细节管理的企业因为没有积累性，所以，它不可能具有成长性。首先，没有细节管理，就不可能有知识的积累和制度的积累。就像建筑一样，不打好地基，哪怕已经建到几十层了，也会轰然倒塌。这就是许多中国企业生命周期很短的主要原因，也是许多中国明星企业莫名其妙很快变成流星的根本原因。其次，企业的成长过程是时间上的延续和空间上的扩张过程。在这个过程中，企业内部需要在管理制度和业务上精确复制。如果不能精确复制，必然导致复杂和不可控，成本必然很高。

　　当然，一个企业只有细节管理好，它的成长才是健康的。如果细节管理不到位，无论这个企业表面上成长得多么好，也是扭曲的、不健康的，它的衰败也是转瞬间可以看到的。因为，只有细节管理能够打造企业的强，而没有强作为基础的大是靠不住的。

有了华为自有的细节管理经验做积累，任正非提出建立《华为公司基本法》。1998 年，任正非在其文章中写道："华为走过的十年是曲折崎岖的十年，教训多于经验，在失败中探寻到前进的微光，不屈不挠地、艰难困苦地走过了第一次创业的历史阶段。这些宝贵的失败教训，与不可以完全放大的经验，都是第二次创业的宝贵的精神食粮。当我们第二次创业，走向规模化经营的时候，面对的是国际强手，他们又有许多十分宝贵的经营思想与理论，可以供我们参考。如何将我们十年痛苦而宝贵的积累与探索，在吸收业界最佳的思想与方法后，再提升一步，成为指导我们前进的理论，以避免陷入经验主义，这是我们制定'公司基本法'的基本立场。几千员工与各界朋友两年来做了许多努力，在人大专家的帮助下，《华为公司基本法》八易其稿，最终在 1998 年 3 月 23 日获得通过，并开始施行。当然它还会在施行中不断优化，以引导华为正确地发展。……任何一个人在新事物面前都是无知的，要从必然王国走向自由王国，唯有学习、学习、再学习，实践、实践、再实践。"

HUAWEI

第六章

细节是执行力的基石

第一节　执行力的关键在于细节

执行力对企业来说是至关重要的，它的强弱不但关系着每个员工的工作效率和工作质量，关系着企业形象和市场的开拓及份额的占有，而且还直接关系着企业的生存和发展。

我们常常会看到这样的情况：有了好的创意或计划，企业也步入了"做正确的事"的轨道，所需资金也不缺，各类人才也都聚集到旗下，但是，企业仍是与赢利无缘、与成功失之交臂。

为什么？这样的困惑，相信不是个别企业家的"专利"，而是众多企业老板在很长时期内解决不了的一道难题。许多企业家在现实的管理中终于意识到：原因在于执行忽略了细节的重要性，员工在执行过程中有些细节没有做到位。

丰田公司为了设计出适合美国人使用的汽车，曾派人到美国用户家中去调查。一位日本人以学习英语为名，跑到一个美国家庭里居住。奇怪的是，这位日本人除了学习以外，每天都在做笔记，美国人居家生活的各种细节，包括吃什么食物、看什么电视节目等，全在记录之列。三个月后，日本人走了。此后不久，丰田公司就推出了针对美国家庭需求而设计的价廉物美的旅行车，大受欢迎。该车的设计在每一个细节上都考虑了美国人的需要，例如，美国男士（特别是年轻人）喜爱喝玻璃瓶装饮料而非纸盒装的饮料，日本设计师就专门在车内设计了能冷藏并能安全放置玻璃瓶的柜子。直到该车在美国市场推出时，丰田公司才在报纸上刊登了他们对美国家庭的研究报告，并向那户人家致歉，同时表示感谢。

这件发生在20世纪90年代的小事，说明了丰田公司做市场调研的精密程度。正是通过这样系统、细致的工作，丰田公司很快掌握了美国汽车市场的情况，终于制造出了适应美国需求的轿车。

很多时候，执行力的强弱，关键在于细节。所谓"成也细节，败也细节"，细小的地方不注意就会造成大的漏洞。[1]

日本汽车业的成功并不让人感到意外。尤其是他们在质量控制方面那种驾轻就熟的本领，无疑值得全球汽车业仔细玩味。

20世纪50年代，美国人爱德华兹·戴明提出了在质量管理中引入统计学的理论，也就是说，通过数据来检验质量。但美国汽车业对此嗤之以鼻，戴明一怒之下跑到日本，他的理论在日本受到推崇。在随后的几十年里，精明的日本人又在戴明理论的基础上，发明了所谓PDCA（计划、执行、检查、处理）全面质量管理循环理论。如今日本汽车质量全面领先欧美，让人不得不佩服日本人的质量意识。

在美国肯塔基州的丰田汽车装配厂里，每道流水线上都装有一根紧急拉绳，一旦出现质量问题，工人可以拉动绳子让装配线暂停。美方经理麦克·达克里莱说："尽管5岁的孩子都可以拉动那根绳子，但在这里，工人们普遍认为拉动绳子是一种耻辱，因为只要每个人都按要求做好自己分内的事，质量就不可能出现问题。"在丰田装配厂，那根绳子的象征意义远大

1　丁振宇.一分钟提高执行力.北京：北京工业大学出版社，2011.3

于实际用途。

在美国许多汽车厂，工人们往往努力超产，因为一旦指标完成了，大家就可以轻松一段时间。但在丰田装配厂，超产被认为是严重的渎职行为，因为每一道工序事先都经过精心计划，超产不仅会影响衔接，而且还有可能影响到质量。难怪有人在评价丰田时称，丰田的质量体系看来平淡无奇，但要真正做到这一切，会使人流汗、流泪、甚至流血。[1]

有一家乳品企业在某城市做了一个大型的促销活动，营销副总信誓旦旦地说："我们的推广非常注重实效，每天在全市穿行的 100 辆崭新的送奶车、醒目的品牌标志，还有统一的车型颜色，本身就是流动的广告，即使没有送奶任务也要在街上开着转。多好的宣传方式，别的厂家根本没重视这一点。"

刚开始的时候，这一招的确奏效，市民纷纷购买这家企业的乳制品，很多家庭都喝，品牌效应越来越明显。可是过了不久，很多家庭便不再喝这个品牌的牛奶，购买量大幅回落，甚至有的人称，坚决不喝了。

这家乳品企业很是纳闷，就派了几个人明察暗访才知道，恰恰是送奶车惹的祸，使原本名声很好的品牌一下子威信扫地。原来，这些送奶车用了一段时间后，由于忽略了维护清洗，车身甩满了泥污，但照样每天在大街上招摇。

"简直受不了这种视觉污染。每天都受这样的刺激，我们还能喝这种奶吗？"不少用户抱怨说。有些失败看起来好像没有任何直接原因，因此人们常常会归结于外部的甚至是人力所不能及的原因。其实他们没有意识到，有时失败就是从一个细微之处开始的。

执行力强弱体现在细节上，往往只是差了那么一点点，但导致的结果

---

1 许捷.日本车赢在细节上.环球时报，2004.3

常常是差很多。[1]

西点军校前校长潘莫曾指出:"最聪明的人设计出来最伟大的计划,执行的时候还是必须从小处着手,整个计划的成败就取决于这些细节。"这句话精辟地指出了想成就一番事业必须从简单的事情做起,从细微之处入手。如果说不拘小节拥有的是豁达的人生,那注重细节的人往往会成就非凡的事业。

一流的业务流程,可以从"硬件"上保障企业的战略执行力,但如果没有良好的"软件"——文化与人员素质的配合,仍然无法形成系统的力量。华为人的执行力是很强的,无论是对战略还是对细节的执行。

在 IBM 设计的 5 年课程中,华为逐步在适应这双美国鞋:学习——结合华为实际设计相应流程——小规模试行——大面积推行。直至 2003 年,IPD 的洋装从 1.0 版本升级到了 3.0 版本。"这是一个从无到有的过程。""从一个技术人员的角度来看,IPD 让我们从技术驱动型转向了市场驱动型,它改变了我们的做事方法。"2004 年,华为中央软件二部技术副总监施广宇表示,从最开始的个别项目放在俗称的"玻璃房"下试行供观望,到现在几乎所有产品都已进入 IPD 流程。

2003 年上半年,数十位 IBM 专家撤离华为,标志着业务变革项目暂告一个段落。此次业务流程变革历时 5 年,耗资数亿元,涉及公司价值链的各个环节,是华为有史以来进行的影响最为广泛、深远的一次管理变革。这次流程再造的具体效果如下表:

1　丁振宇 . 一分钟提高执行力 . 北京:北京工业大学出版社,2011.3

华为建立 IT 流程处理系统的前后对比表：

事项	实施前	实施后
库存管理	库存数据不及时 库存数据不准确 库存盘点困难	库存信息与交易基本实现同步 库存准确率98%以上 通过循环盘点，大大提高了物料管理效率
采购订单处理	平均处理周期 8 天 平均处理成本 2000 元	平均处理周期 2 天 平均处理成本 700 元
销售订单处理	处理周期长 难以检查订单的执行状况	处理周期缩短35%，日处理500多份订单，能够方便地检查订单的执行情况
财务结账周期	平均周期 15 天	平均周期 5 天
对公司整体运营的支持	10 亿元左右的销售额	人员增长 5 倍，销售额达到220 亿元

通过表中的对比，可见华为的流程再造是极为成功的。这一成功就使企业在整个价值链的各项活动中已领先其他竞争者，不仅满足了客户的个性化需要，而且极大地提高了自己的劳动效率，把信息滞后率降到了最低。

华为在 2003 年之后，感受到了管理变革以及与世界用同一种管理"语言"沟通带来的乐趣。2002 年，华为销售额整体虽然下降了 17%，但是当年海外市场却增收了 210%！2000 年~2003 年，华为海外复合增长率为 122%，至 2004 年，华为快速地恢复了元气，整体销售额达到 460 亿元，净利润 50 亿元，大于当年 TCL、联想、海尔的利润总和。

华为尚不敢轻言胜利，对于大多数中国企业而言，采取相对"温和"的业务流程优化（BPI），而不是业务流程重组（BPR），逐步提升员工的职业化水平，应该是更加可取的变革之道。

第二节　行动是细节成败的根基

一个企业快速发展需要两个重要因素，细节是外在的表现，执行力则是内在的动力。如果说，细节反映出一个公司的整体形象，那么执行力折射出的就是公司的整体素质。

一家储蓄所针对年纪大、视力不好的储户，由工作人员代写凭条，然后由储户摁手印确认。在手续办完后，工作人员都会及时递上一张纸巾，提醒储户把手上的红印擦掉，以免弄脏衣服。这细心的一递，使储户感动，连夸他们想得周到。另一家储蓄所怕办理业务的客户等待无聊，就在柜台的玻璃上贴了一个醒目的提示牌，上面介绍的不是银行业务，而是一个有意思的哲理小故事。当客户把故事读完，工作人员便把办妥的手续递了出来。提示牌上的内容经常换，客户感到很新鲜。

美国著名战略管理学家钱德勒说过："战略成功与否取决于细节，行动却是细节成败的根基。"如果把成功看成是一种战略的结果，在细节决定成败的过程中，有没有真正把细节抓落实则成了我们应当思考的首要问题。行动最能发现应关注的细节所在。

何为"细节"？从字面上可以理解为"细枝末节"，但绝不是只重枝节不重根本的本末倒置，强调的是"在战略决策已经确定的前提下，战争的胜负将取决于每个战役的进程和每个战术的运用"。讲的是战略与战术的和谐统一。战略的正确只能保证全局的潜在价值，而只有通过细节的执行才能将这种潜在价值转化为现实价值，如果不能实现这种价值，那么再好的战略也等于打水漂。把"细节"这个理念运用到企业经营管理上，也就是要处理好领导力与执行力之间的关系。

从管理学的角度来看，领导力与执行力是完全不同的两个概念，领导力为企业的发展指明方向、明确经营思路、确定具体目标。当正确的决策确定以后，贯彻落实的程度如何？能否细化为具体的工作步骤、创造性的发挥，最终保证既定目标的实现，则是执行力所要解决的问题。二者是相互联系、相互作用的关系。如果领导力弱，执行力强，其结果则是执行力越强，盲目性越大，用力越大偏差越大。反之，领导力强，执行力弱，那么再好的思路决策，也只能是镜花水月，纸上谈兵。只有领导力强，执行力强，二者和谐统一，才能形成合力。

在现代组织中想做大事的人很多，但愿意把小事做细的人很少。我们的组织不缺少雄韬伟略的战略家，缺少的是精益求精的执行者。我们绝不缺少各类管理规章制度，缺少的是对规章条款不折不扣的执行。这些见解和理论都充分说明任何事情的成功，必须从简单的事情做起，从细微之处着手，细节的处理对企业管理执行力起着决定作用。

企业管理执行力需要对细节能力予以重视并实施有效管理，主要因为细节管理可以发挥出执行力的韧性。细节管理能避免执行力对人的状态发挥的依赖。由于工作环境不同，人的工作状态及其发挥出来的能力也可能不一样，因而影响工作质量的稳定性。为了保持工作质量的均衡性，必须在一定程度上通过一定的措施和方法来平衡由于环境所造成的能力发挥差异所带来的工作质量的高低，这种方法就是细节管理。细节使工作变得更具操作性，细节使工作的稳定度和进度得以更有效地把握。

成功是5%的战略加上95%的执行，企业间"执行力"水平的高低往往成为导致其成功或失败的关键因素。提升执行能力已成为精细化管理的重要内涵。精细化管理,关键是要将企业战略从抽象的概念转化成具体的、可操作性的量化指标,并确保执行到位,从而将企业目标落到实处。[1]

掺沙子是 20 世纪 80 年代以前农村建简易住房打土坯垒墙的一种工艺程序:在泥土里要掺上一定量的沙子和少量的麦秸和稻草,增加泥土的附着力,减少土坯裂缝现象。或者栽种农作物、花卉时,在较肥沃的腐殖质土中掺沙子,目的是为了增强土壤的透水性,避免积水,防止植物烂根。

这种民间建筑工艺和农业耕作土壤改良技巧,曾被毛泽东借用来喻指治理党内、军内"山头"割据的政治策略、管理技巧。

引申开去,所有通过改变组织机构人员结构,注入不同于原有班子的新因素,达到改变某组织的力量对比、改变其性质、方向之目的的办法,都可以称之为"掺沙子"。

伴随海外业务的发展步伐,华为海外本地员工队伍也迅速壮大起来。2004 年初本地员工尚不足 1000 人,到 2008 年已有本地员工 1 万多人。为减少跨文化、语言、地域的障碍,让海外本地员工了解公司、认同华为,真正成为华为的同路人,在多种合力的推动下,销服体系从 2007 年 8 月开始推行"掺沙子"行动。通过这项计划,为一些优秀的本地骨干提供培训,让他们承担更大的职责,同时,提升机关人员英文能力,更多地倾听本地员工的声音。

在"掺沙子"行动中,华为海外代表处先推选出一些优秀本地员工到中国。机关部门为他们量身定制详细的培训和项目实践计划,并指定导师为其提供指导、答疑解惑。本地员工按计划参加项目实践、技能培训、文

1　丁洁.提升企业管理执行力培养和训练细节管理能力.湖北广播电视大学学报,2013.8

化培训、参观交流……通过耳濡目染，他们感受、学习、思考公司的管理运作和文化。部门定期组织相关人员与他们沟通，分享经验，同时倾听本地员工的需求与困惑、思考和收获。2~6个月的实践结束，组织正式的培训答辩检验"沙子"们的学习成果。华为业务导师给出评价意见，指出优点、不足及改进的方向。华为还对"沙子"们回国后的表现进行了跟踪调查，结果表明，"沙子"们的业务能力有所提升；对华为公司及公司的价值观更认同；与中方员工、中方主管的相处、沟通和互动更加和谐融洽；本地员工将在深圳的所见所学与其他本地员工分享，对周围的同事产生了非常积极的影响。

目前，华为销服体系的"掺沙子计划"已完成了第一阶段的工作，来自海外六大片区的123名本地骨干员工参加了活动，他们犹如星星火种般撒向了各片区。

第三节　阴沟里翻船：$100 - 1 = 0$

中国有句话叫"阴沟里翻船"。意思是说本来应该很安全很稳妥的地方，却因为疏忽而栽了跟头，出了事故。执行的过程其实也是一样，一旦某一环节、某一步出错了，就会发生意想不到的情况。常识告诉我们，越是最放心的地方，往往是我们最不重视细节、最容易放松警惕的地方。

在细节管理中，有个著名的公式：$100 - 1 = 0$。意思是说，在激烈的市场竞争中，一件小事的成效会直接影响到整个战略全局。

细节决定执行力，把每个环节做到完美是工作的重中之重。工作中的任何一个环节出现一个小小的纰漏，都有可能造成难以估量的损失。

对于华人建筑师贝聿铭来说，他认为自己设计最失败的一件作品是北京香山饭店。在这座宾馆建成后他一直没有去看过，认为这是他一生中最大的败笔。实际上，在香山饭店的建筑设计中，贝聿铭对饭店里里外外每条水流的流向、水流大小、弯曲程度都有精确的规划，对每块石头的重量、体积的选择以及什么样的石头叠放在何处最合适等等都有周详的安排，对宾馆中不同类型鲜花的数量、摆放位置，随季节、天气变化需要调整不同颜色的鲜花等等都有明确的说明，可谓匠心独具。但是工人们在建筑施工的时候对这些"细节"毫不在乎，根本没有意识到正是这些"细节"方能体现出建筑大师的独到之处，随意"创新"，改变水流的线路和大小，搬运石头时不分轻重，在不经意中"调整"了石头的重量甚至形状，石头的摆放位置也随随便便。看到自己的精心设计被无端演化成这个样子，难怪贝聿铭要痛心疾首了。

一家著名国际贸易公司高薪招聘业务人员。在众多的应聘者中，有一位年轻人条件最好，毕业于名牌大学，又有 3 年专业外贸公司的工作经验。因此，当他面对主考官的时候显得非常自信。

"你原来在外贸公司做什么工作？"主考官问道。

"做花椒贸易。"

"以前花椒的销路非常好，可是最近几年国外客商却不要了，你知道为什么吗？"

"因为花椒质量不好。"

"你知道为什么不好吗？"

年轻人想了想，说道："一定是农民在采集花椒的时候不够细心！"

主考官看了看他，说："你错了。我去过花椒产地，采集花椒的最佳时间只有一个月。太早了，花椒还没有成熟；太晚了，花椒在树上就已经爆裂了。花椒采好后，要在太阳下曝晒一整天，如果晒不好，就不能称之为上品了。近几年来，许多农民图省事，把采集好的花椒放在热炕上烘干。这样烘出来的花椒虽然从颜色上看起来和晒过的花椒差不多，但是味道就相差很远了。"

"一个好的业务员要重视执行中的各个细节。"主考官说。

2007 年，多家新闻媒体报道了安徽合肥一家公园的游乐设施"世纪滑车"发生事故，导致两名学生一死一伤的惨剧。

当时，"世纪滑车"的 6 节车厢里搭载了 7 名游客，顺着 15 米高的轨道缓缓爬升，当滑车即将爬升到最高点时，却突然停了下来。

随后，6 节车厢急速倒滑，导致最后一节车厢脱轨，坐在最后一节车厢内的一名女中学生被甩到了车后的钢轨上，转眼间 5 节继续下滑的车厢碾过她的身体，和她坐在同一排的同学也被甩出后摔伤。

随后，这名女中学生和她的同学被送往医院进行紧急抢救。

尽管她的同学捡回了一条命，然而这名女中学生因为伤势过重，送到医院时已经停止了呼吸。

事故发生后，有关部门对事故进行了调查取证，调查发现：

"世纪滑车"出事前半个小时，5 号车厢与 6 号车厢连接部位断裂，公园自身没有能力焊接，一名修理工就自作主张调换了这两节车厢的位置，他认为，两节车厢调换应该没有问题。

随后在对滑车进行 3 次空车试运行时，每次都听见滑车发出异响，但他并没有在意，觉得发出怪声对运行不存在很大影响。

更可怕的是，当天滑车的操作人员竟然没有上岗证，不具备发现异常情况的能力。按照规定，这样的人员是不能对游乐设施进行操作的。

修理工认为"两节车厢位置调换没事"、公园管理员认为"操作人员无证上岗没问题"，就是因为这样一个个的疏忽，导致了事故的发生。[1]

任正非表示："'治大国如烹小鲜'，我们做任何小事情都要小心谨慎，不要随意把流程破坏了，发生连锁错误。"任正非多次提出："只有自我批判、迅速调整、改正一切需要改正的错误，否则早就被逐出市场"，"没有自我批判，克服中国人的不良习性，我们怎么可以把产品造到国际水平，甚至超过同行"，"华为公司会否垮掉，完全取决于自己，一是核心价值观能否让我们的干部接受，二是能否自我批判"。

"先易后难"战略是由 10 年前华为的技术水平和产品现状所决定的，在某种程度上说是不得已而为之的一种策略。1996 年，华为除在程控交换机方面和西方巨头的水平比较接近之外，其他产品还不成熟，甚至还没有形成完整的产品线，加上西方电信市场准入的技术门槛非常高，要解决这个问题，华为需要很大的投入以及相当长的时间。因此，华为只能选择难度比较低的发展中国家进行突破。

世界如此之大，东方不亮西方亮。欧美跨国公司吃欧美市场的肥肉，华为可以先去啃亚非拉市场的骨头。不能正面碰撞就先迂回侧翼。1996 年，华为启动了拓展国际市场艰苦漫长的旅程，起点就是非洲、中东、亚太、

1　陈浩.执行重在到位.北京：中华工商联合出版社，2013.7

独联体以及拉美地区的一些第三世界国家。

出发前，华为认真研究了"国际形势"：太穷的没有支付能力，赚不到钱；太有钱的看上的是欧美大公司，不会选择你的产品；只有目前手头紧，但未来经济发展有潜力的国家才是最合适的目标。

战略思路很清晰，但执行起来并非易事。华为的可贵之处在于坚持，在于能够承受"屡战屡败、屡败屡战"的折磨和对战略执行细节的用心探索。从1996年开始，经过5年的拼搏，华为在国际市场上才初见成效。2000年，华为的产品进入了非洲、中东、亚太、独联体、拉美地区的十几个国家，年销售额超过3亿美元，华为的品牌也开始在第三世界国家逐步打响。

这个战略的成功，不仅需要公司的持续投入，还需要公司政策的战略导向支持。在进入一个国家的初期，公司下达给代表处的KPI指标主要是"市场"指标，而不是"销售"指标。也就是说把解决市场准入和建立市场基础放到了一切工作的首位，这样才能使一线的团队避免急功近利的浮躁行为，扎扎实实把基础打好。等土壤松好了，肥料、种子、水都准备好了，你还担心长不出好庄稼来吗？

华为在发展中国家的辛勤耕耘，培养和锻炼了国际营销人才队伍，产品和技术也受到了国际市场的磨炼和洗礼，收获的不仅是每年几十亿美元的来自发展中国家的订单，而且使华为以成熟的技术和精英团队大举迈进发达国家市场，最终实现了"农村包围城市"的全球市场总体战略。[1]

---

1 张贯京.华为四张脸.广州：广东经济出版社，2007.4

第四节　细节强化执行力

有这样一个寓言：一群老鼠开会，讨论怎样对付猫的袭击。一只被公认为聪明的老鼠提出，给猫的脖子上挂一个铃铛。这样，猫行走的时候，铃铛就会响，听到铃声的老鼠不就可以及时跑掉了吗？大家都认为这是一个好主意。可是，由谁给猫挂铃铛？怎样才能挂得上呢？这些细节问题却无从解决。于是，"给猫挂铃铛"就成了一句鼠辈的空话、人类的笑谈。

这则寓言给大家带来一个启示：任何一项工作或战略决策，都要想到细节、注重过程，否则都可能导致决策失误。

在现实中，有些管理者不太注重工作细节和过程，他们不深入基层，听不到员工的真实想法，对细节的忽略，使一些政策执行不到位，或者说在执行中走了样。一个有效的管理者，应该注重工作过程和细节，在工作细节和过程中发现问题，解决问题，提高工作和执行力度。

如果没有细致的工作，决策的正确性和执行性是值得怀疑的，一个好的战略决策如果没有细节的贯彻是没有执行性的。没有细节的战略是一纸空文。所谓规划规划，墙上挂挂。只有细节管理才能造就习惯，才能让人训练有素，才能保证工作质量的稳定性和均衡性，也才能较好地满足顾客需要，保持顾客的忠诚度。稳定性和均衡性是保持企业运营经济性的前提。我们说性格造就命运，习惯造就性格，细节构成习惯。训练有素的人才能构成训练有素的团队，训练有素的团队才能构成训练有素的企业，训练有素的企业才能构筑企业成功的基础。所以，细节管理才能造就人的成功，细节管理才能造就企业的成功。

联合国某部门曾经要在英国伦敦召开一次会议，筹备组人员挑选了几家大酒店，准备包下其中的一家作为会议的场所。经过一次次的对比、筛选，最终筹备组人员把目光锁定在两家酒店，准备从中挑选一家。

筹备组的工作人员分别给这两家酒店打去电话，打第一家酒店的电话时，电话铃响了4声还没有人接。于是，筹备组工作人员立刻将电话挂了。

给第二家酒店打电话时，电话铃刚响就有人接听，热情洋溢的声音让筹备组人员备感亲切。于是，这次承包会议的机会给了第二家酒店。

落选的酒店得知消息后很是意外，因为不论资历还是实力，自己都远远超过中选的那一家。于是酒店的负责人想办法联系到了有关部门，打听落选的原因。

当负责人获知原因仅仅是因为晚接了电话时，十分懊悔。一查，原来当时有一位推销员到酒店推销一种时尚的化妆品，值班的电话员到门口去看化妆品了。

结果，正是在离开的这几分钟，联合国会议筹备组的工作人员打来了电话。负责人认识到了问题的严重性，不仅批评了有关员工，还进行了一系列的整改，明文规定，办公室电话铃响3声之内必须有人接听。

在任正非看来，任何一个不起眼的细节和一个不起眼的角色都有可能决定华为在一个项目中的去留，所以在处理客户关系的时候，必须一视同仁，不能轻视订单量小的客户，不能只重复地接触个别的高层领导，对于其他的一些中层领导甚至普通员工都要"奉为上宾"。任正非表示："一定要加强普遍的客户沟通，要把普遍沟通的制度建立起来，沟通不够怎么办？就降职、降薪。做不好沟通工作的员工要慢慢淘汰掉。有些人是性格问题不能沟通，就转到别的岗位上去。

"有人说省局见不到，到县局去总可以吧。有人说到县局多花汽油费，我们宁可多花汽油费，也不能停下来，也要沟通。我们建立了到县局沟通的制度，我们一定要执行下去。新员工找不到地方磨枪，就到县局去，他不到县局去,怎么能找到地方磨枪啊？他不磨枪就是锈枪，以后怎么能用啊？不要认为我们要讲节约，不下去跑能省钱。讲节约是在不需要浪费的地方节约，不该省的费用就不能省。"

第五节　把平凡的事情做得不平凡

托尔斯泰曾说过："一个人的价值不是以数量而是以他的深度来衡量的，成功者的共同特点，就是能做小事情，能够抓住生活中的一些细节。"海尔总裁张瑞敏对此深有感触，他说："把每一件简单的事做好就是不简单；把每一件平凡的事做好就是不平凡。"海尔集团就是本着"严、细、实、恒"的管理风格，冲出了亚洲，走向了世界。

有一家日本公司准备在中国投资,考察了很多家国内企业,最后选中三家,想进一步比较，以做出最后决定。这三家中就有海尔。

后来这个株式会社社长到了海尔，但只看了看就走了。起初海尔认为他无意与海尔合作。可没想到，事隔一天，对方就发来了愿意合作的传真。

　　事后，这位社长说，虽然来海尔的时间很短，但他到模具车间去了，并顺手摸了一下备用模具，没摸到灰。他就是靠这点做出合作决定的。因为，海尔连备用的模具都能够做到没有灰尘，那么，这个企业的管理是可以信得过的，是可以合作的。

　　海尔人以追求工作的零缺陷、高灵敏度为目标，把管理问题控制在最短时间、最小范围内解决，使经济损失降到最低，逐步实现了管理的精细化，消除了企业管理的所有死角，大大降低了成本材料的消耗，使管理达到了及时、全面、有效的状况。但是，海尔集团成功的经验并未引起广泛重视，国内的不少公司，其规章制度不可谓不细、不严、不实，但往往说在口上，定在纸上，钉在墙上，就是落实不到行动上。因此，总是红红火火开场之后，又惨淡收场。一心渴望伟大、追求伟大，伟大却了无踪影；甘于平淡，认真做好每个细节，伟大却不期而至。这就是细节的魅力。

　　什么叫做执行到位？执行到位就是100%地把工作做到位，不忽视任何一个细节。只有细节到位，执行才算到位。高效执行力是不会忽视每一个细节的。

　　伊川杏子在东京一家贸易公司上班，专门负责为客商购买车票。她常给美国一家大公司的经理购买东京、大坂之间的往返火车票。不久，这位经理发现一件趣事，每次去大坂时，座位总在右窗边，返回东京时又总在左窗边。

　　经理询问杏子其中的缘故。杏子笑答道："车去大坂时，富士山在您右边；返回东京时，富士山已到了您的左边。不同的车票刚好让您来回都能欣赏到富士山的美景。"这位美国经理听后十分感动，深深被这家公司职员注重细节的精神所折服。他很快就提高了与这家公司的贸易额,杏子也因此得到了升迁。

　　杏子的成功就在于对细节的注重,这不仅给公司带来了更多的生意,也为她自己的发展创造了机会。不要轻看任何细节,它往往能创造出让你意想不到的奇迹。细节是你个人能力的最好体现,因而也是别人评价你的重要依据。[1]

　　当年滑铁卢一役,拿破仑在最后的紧要关头把希望寄托在预计很快会到来的援兵上,可是援兵在过阿尔卑斯山时,遇到了暴风雪,迟到了4个小时,由于没有考虑到阿尔卑斯山在这个季节会有暴风雪这个细节,使滑铁卢成为拿破仑的"麦城",伟人沦为阶下囚。

　　为了每个平凡的人都能将平凡的事做得不平凡,让每个员工都能够发挥其最大潜力。任正非呼喊"让一线拥有更多的决策权","让听得见炮声的人,来呼唤炮火"。

　　2009年12月31日,任正非在其文章《春风送暖入屠苏——2010年新年献词》中写道:"我们在这困难的一年,同步展开了组织结构及人力资源机制的改革。改革的宗旨是,从过去的集权管理,过渡到分权制衡管理,让一线拥有更多的决策权,以适应情况千变万化中的及时决策。这种让听得见炮声的人,来呼唤炮火的管理方式,已让绝大多数华为人理解并付之行动。我们确定了以代表处系统部铁三角为基础的,轻装及能力综合化的海军陆战队式的作战队形,培育机会、发现机会并咬住机会,在小范围完成对合同获取、合同交付的作战组织以及对重大项目支持的规划与请求;地区部重装旅在一线呼唤炮火的命令下,以高度专业化的能力,支持一线

---

[1] 丁振宇.一分钟提高执行力.北京:北京工业大学出版社,2011.3

的项目成功。地区部要集中一批专业精英,给前线的指挥官提供及时、有效、低成本的支持。我们同时借用了美军参谋长联席会议的组织模式,提出了片区的改革方案。片区联席会议要用全球化的视野,完成战略的规划,并对战略实施进行组织与协调,灵活地调配全球资源对重大项目的支持。'蜂群'的迅速集结与撤离的一窝蜂战术,将会成为新一年工作的亮点,并以此推动各地区部、代表处、产品线、后方平台的进步。今年、明年两年市场服务的组织变革,一定会促使我们成为全球最主流的电信解决方案供应商。也一定会提升竞争能力,形成利润能力,实现各级组织向利润中心为目标的组织及机制的转移和建设,并实现 2010 年销售额 360 亿美元的进步。"

著名管理专家和并购专家王育琨坚信"答案永远在现场"。而任正非所呼喊的"让一线呼唤炮火"正是"答案永远在现场"的最好呼应。王育琨分析道:"没有人比他更了解华为,没有人比他更了解他自己。20 年的打拼,为了保证资源的整体使用,他不得不集权。为了维护权威,又不得不从上到下设置一系列的控制点,由此形成了一个庞大的体系。这个体系曾经有效保证了政令的统一。可是,无形中却也削弱,甚至限制了一线的创造力。时过境迁,他渐渐地发现,解决问题,不再是头等重要的事情,与庞大体系的协调才是重要的节点。一线为解决特定问题,要花掉 2/3 以上的时间向上面争取资源。从一线摸爬滚打出来的任正非,意识到了一种深切的危机正在逼近。美国金融危机爆发更让他警醒。"

第六节　伟大的设计就在细节之中

很多时候，一个物品能反映出制造者和国家的精神。比如 iPhone，触屏、手机转角、色彩、图标等等，可见乔布斯对于细节的极致追求。

为了控制细节，乔布斯甚至会趴在电脑上一个像素一个像素地看那些按钮的设计，他会一直深入到每个细节里去，详加勘察每一方面到像素的级别上去。若是有出入，某些设计人员可就要挨一顿臭骂了。为此，苹果的平台体验负责人专门配了一副钟表修理工使用的高倍双目放大镜用来反复搜索屏幕上的每一个微小像素的可能瑕疵。

乔布斯为屏幕上按钮的设计定下了标准："我们把屏幕上的按钮（buttons）做得如此之好，真让人恨不得舔一下。"

乔布斯曾经亲自让广告代理商改掉某个广告文案第三段中的一个字眼。只有像乔布斯这么关注细节的 CEO，才能真正去了解用户的需求。

乔布斯十分注重电脑设计的每一个细节，包括电脑包装设计。乔布斯要求设计人员，必须像研发和生产产品一样对待用户拆包装的过程，从而设计出让人耳目一新的包装，让用户从打开包装盒开始就爱上苹果的产品。同时，乔布斯认为，应当由用户自己亲自从包装箱内取出电脑部件进行组装。通过组装电脑，用户将了解电脑的各个部件及电脑的工作原理。如今，从戴尔公司到手机制造商，每家公司都采用了这一令公众熟悉产品的做法。

由于乔布斯的细节控制，苹果公司的某设计小组花了足足六个月的时间改进滚动条。滚动条是所有操作系统窗口中位于右手边的导航条，有时候也会出现在窗口底端。它们是所有操作系统的重要组成部分，但绝对不是用户界面中最明显的部分。

在一次会议上，乔布斯仔细查看每个窗口左上角的三个小按钮。这三个按钮分别用于关闭、缩小和放大窗口。设计师们把这些按钮都弄成了哑灰色，以免扰乱使用者的注意力，但是这样就很难让用户区分按钮的功能。于是乔布斯给出了一个古怪的提议：这些按钮要涂成红绿灯一样的颜色——红色代表关闭窗口，黄色代表缩小窗口，而绿色则代表放大窗口。按钮的颜色明显地向用户表明了点击的后果。特别是红色，它通常意味着"危险"，以防使用者不慎点击到它而关闭窗口。

乔布斯关注设计细节的案例还有很多，比如，苹果产品的底色之上都有一层透明的塑料，能够为产品带来纵深感，这被称为"共铸"（Co-molding）。为了实现这种体验，苹果的团队与市场营销人员、工程师，甚至跨洋的生产商合作，最终采用了新材料和新流程，保证了工艺在所有产品上的大规模实施。

很少有制造商会如此关注这种看似无关紧要的细节，但正是对细节的关注使苹果公司区别于其他公司。这种对微小事物的关注通常只有在手工制作的产品中才有。

除了产品设计之外，乔布斯还关注苹果产品展示的细节。乔布斯曾经3次改变所有苹果店的灯光布置，只为让店内的产品看上去像广告中那样熠熠生辉。多年前苹果公司在曼哈顿开设第一家专卖店时，这位细节控制主义者要求将专卖店使用的意大利大理石送到苹果总部，因为他要亲自检查大理石的纹理。

有人批评乔布斯想控制一切细节，但实际上他并非对所有细节都感兴趣。乔布斯关心的只是与公司——用户界面有关的细节及其带给用户的体验。他本人一再声明，他的任务并非创造伟大的产品，而是为公司所有其他人创造伟大的产品提供自由和空间。

现在大多数手机都定位在影音、拍照、大屏的特点上，都有主打功能部分，那么华为在这方面有何考虑？华为终端手机产品线总裁何刚表示："这是我们一直追寻的目标，我一直希望能够有一些完全超越的概念和想法把竞争对手远远抛在后面。但现在来看，我们应该不断在细节的地方改进，我相信不断的细节改进其实就带来了我们产品的不断进步。"

"华为一直以来是一个长跑型选手，而不是靠突然的一个营销就把这个市场推起来了，华为是坚持在每一个基础的能力上不断地提升和改进。""P7和P6相比，在制造工艺上、品质上都有很大的提升，这就是我们在细微的地方不断在改进。我们和供应商，和我们的结构件厂家、模具厂家细细抠每一项细节怎么去优化，对于华为来说我们还在学习中。"

与很多通信产品不一样，机顶盒相对较大，待在家里，与人的交互少，怎样的设计会让用户喜欢呢？

华为人邹建波和团队做了很多分析和用户调研。大家认为，现代家庭里，电视柜没有了，电视墙分割为一个个单独的隔板，一个机顶盒的加入，不能让人觉得搞乱了家的设计，它与家中的环境应该是和谐的，是家具的一分子。于是"隔板"的灵感诞生了。机顶盒，它就是一块简洁的隔板，白色、纤薄、安静，悬浮于白墙之上，仿佛不存在，但是又时刻陪伴着。大家给它起了个朴实的名字 —— "Lowboard"。

2014 年获 IF 奖的 Lowboard 机顶盒，它延续 2013 年获奖的 Sunrise 机顶盒"简单"的理念，朝着更加简洁和融合发展。2013 年设计的 Sunrise

（日出），正面没有任何按钮，仅有华为 LOGO，黑色的边框，顶部有银色的透明装饰片，上面有日出造型，但是太阳还未完全升起。而 2014 年的 Lowboard，顶部的日出变成完全升起的太阳。底部的进风设计，采用欧洲灯具设计的条纹孔，让它和家庭环境更加和谐一致。这些小小的细节，让它省去边框和装饰片"炫"的东西后，依然能够有吸引人心的地方。

第七节　简单不等于容易

"给我的都是什么工作呀，我一直在用黄色的丝绒编织，却突然又要我打结、把线剪断，这种事情太简单了，也没有实际的意义，真是浪费时间，我想做一些复杂而又有意义的事情。"这是一位年轻修女的感叹。自从她进入修道院以后，一直从事织挂毯的工作，做了几个星期后，她再也不愿意从事这种简单又乏味的工作了。身边一位正在织毯的老修女说："孩子，你的工作虽然简单，要真正做好了可不是一件容易的事呢。你织出的很小的一部分也许就是非常重要的部分。"

在老修女的带领之下，年轻修女来到工作室里，看到了摊开的挂毯。她呆住了：原来，她编织的是一幅美丽的《三王来朝》图。黄线织出的那部分是圣婴头上的光环。她没有想到，在她看来简单无聊的工作竟是这么伟大，要想成功地织出一幅完美的挂毯可不是一件容易的事情。她庆幸自己并没有因为事情简单就随意编织。

一位华为人这样说道："我们感觉一个人很职业，不在于他是否穿着职业装，也不在于他是否有一套套的先进管理理论，而在于他认真、规范、高效率地做好一件件的小事：如果他出差在外，哪怕再迟，也要完成当天的出差报告；如果他访问客户，他会认真地填写每一项客户资料；如果做市场调查，他会详细地挖掘每一项数据；如果他组织会议，他会精心准备每一页的会前材料；如果他做开发，他会兢兢业业地编写每一个代码、撰写文档……"华为人认为，将身边简单的小事做好了，才能做好大事。

生活中的很多事情，看起来都是小事，但有些时候却往往做不好。其中原因就在于，我们都把这些简单的小事看得很容易，做事时漫不经心，不当一回事，当然也就无从做好。其实"简单"不等于"容易"，只有处处严格要求自己，才能给自己一个满意的结果。

华为人也在细节问题上吃过亏。一位员工记载着这样的反思："今日的任务是去崇左大新县进行三处站点整改，包括环城路北站点（RRU 断链）、财政局站点（RRU 断链）和大富药店站点（脱站）。来回 6 个多小时的车程以及两个多小时的寻站问路，如此大费周章，却发现设备异常的原因竟是 RRU 光模块没有安装牢固而脱落。小小的施工不慎，需要我们一路奔波前来整改，看来'用心做好细节'，真不是一句空话。"

"也许正是这类'低技术含量'的简单操作更容易被我们忽视，所以我们常常在小事上面'栽跟头'。因此，在大困难、大问题面前坚持下来固然值得褒扬；在小细节、小问题上持之以恒、耐心以待应该也是对'意志'的最好磨练吧。在安装光模块时，不妨多检查几次，确保质量。多一分钟的确认检查就可以省去之后无数人力、金钱和时间的浪费。以后的工作，一定要养成'用心做好细节'的习惯，踏踏实实地对待工作。"

简单并不容易。苹果产品简单易用，但其中有多大的技术含量，内行人都会知晓。乔布斯曾这样说过："在苹果电脑的第一份宣传材料上，大家可以看到一个苹果的图案。简单的一个水果图形——苹果：如此简单的图案呈现出极高的工艺水平。当你开始注意到一个问题，并且认为该问题看起来似乎十分简单时，意味着你很可能根本不了解问题的复杂性。唯有深入问题的核心，才能明白其复杂性，也才能找出其根本的解决方案。这就是我们在设计 Macintosh 电脑时的野心。"

在乔布斯看来，完美产品设计的最高境界，是所谓看不见的设计。乔布斯在意电源开关显示的亮度与颜色，在意电源线的设计，甚至连电脑内部线路的安排也要赏心悦目。因为这些细节的视觉与触感，让苹果电脑的产品独树一帜。

小事简单不等于容易。注重细节是一种能力，"关照小事，成就大事"。

对华为而言，走出去就是机会，这是一个简单而朴素的道理，但其中的艰辛，付出的努力，需要的勇气和毅力却是外人很难体会的。2003 年，全球最具权威的 IT 研究与顾问咨询公司 Gartner 的时任亚太区副总裁 Robin Simpson 在报告中告诫国内的电信制造企业：仅仅靠国内市场，将来是危险的。因为将来不会有仅仅依靠区域市场存在的电信设备商，所有的电信设备商都必须是国际化的。

实际上，早在 1994 年，当华为自主开发的数字程控交换机刚刚打开中国市场时，任正非就预感到未来中国市场的竞争一定十分惨烈。市场很快就证实了任正非的预言。

1995 年，中国通信市场竞争格局发生巨变。通信设备的关税相对较低，因而令国内、国际市场的竞争态势空前激烈。一方面，国际市场萎缩直接威胁中国企业在国际市场的拓展；另一方面，国际通信设备巨头在国外出现需求紧缩的情况下不可避免地把刚起步的中国市场作为其攫取的目标，以此来弥补他们在其他市场的颓势，这势必给华为等国内企业造成很大的竞争压力。

当时华为的主打产品在国内市场份额不断增长，其主要产品均已超过30%。1998年，华为的销售额比1995年增长了6倍，达到了89亿元。更为重要的是，华为已经基本实现"农村包围城市、最终夺取城市"的战略目标，华为的核心产品已经进入了国内所有发达省份和主要城市。华为第一次成为国内企业的老大。但华为与国际厂商相比仍然有相当大的差距。正如任正非在其文章《创新是华为发展的不竭动力》中所写的："华为的发展得益于伟大的改革开放时代，得益于党和政府的技术创新政策。华为发展的十年时间，正是祖国经济大发展，人民生活不断改善，信息消费不断增长的时期，这为华为提供了生存与发展的空间。离开了时代的进步和社会经济环境的改善，华为纵有技术进步也难以生存。

"同时，这十年，也是西方著名公司蜂拥进入中国的十年。其实他们不仅是竞争者，更是老师与榜样。他们让我们在自己的家门口遇到了国际竞争，知道了什么才是世界先进。他们的营销方法、职业修养、商业道德，都给了我们启发。我们是在竞争中学会了竞争的规则，在竞争中学会了如何赢得竞争。世界范围内的竞争者的进步和发展咄咄逼人，稍有松懈，差距就可能再次拉开；而且国内同行的紧紧追赶，使我们不敢有半点怠惰，客观上促进了我们的快速进步。"

可以看出，当时华为已经开始思考，一旦国内市场萎缩，企业将何去何从。任正非认为，只有走出去，才能活下去。20世纪90年代中期，在与中国人民大学的教授一起规划《华为公司基本法》时，任正非就明确提出，要把华为做成一个国际化的公司。与此同时，华为的国际化行动就跌跌撞撞地开始了。这显示了任正非的前瞻眼光和远大战略。但是在当时很多人看来，华为要走向国际化不过是痴人说梦。

HUAWEI

第七章

制度细节是组织高效
运行的保障

第一节　没有规矩不成方圆

企业家最重要的使命是寻找企业生存之道，构建可持续成长的制度体系和内在活力。摸着石头过河，确实颇有创意，但只是权宜之计，况且市场经济不是小河沟，是汪洋大海，水太深，也太浑。而且还有一个更现实的背景，中国企业对企业及市场经济的了解很肤浅，屈指算来，我们与市场经济、产权和现代企业制度零距离接触才仅仅十余年时间。而没有长期的企业实践作背景，悟道实际上是很困难的。

那么企业生存之道在何方？在先行者那里。西方企业家做企业已经有几百年的历史，他们最先领悟企业生存之道，比我们更深刻地领悟了企业经营管理与市场经济的本质性的东西。从整体意义上看，西方企业家在经营管理企业过程中，比我们更实事求是，更务实，更理智。比起我们的盲目创新，智慧、虚心和系统地学习和继承他人已有的东西，是一条捷径，更是一条必由之路。当然，这种学习不是简单的模仿，不是引用几句名言警句，不是简单地引进一些管理技术和方法，而是新的思维方式和价值观体系的确立。

美国公司的一个特点是公司运作主要依赖制度，其制度的设计与制度之间相互的平衡与检查非常值得我们学习。所谓制度，也就是流程，是指到哪一步该做什么、如何去做。当一个公司的运转完全靠制度时，事情就简化了，避免或减少很多无谓的判断、协调、争执，工作就会变得更有效率。

任正非高瞻远瞩，不断强调，不是照搬 IBM，而是让 IBM 帮助华为培养专家，再依靠自己的专家建立自己的管理体系。一位朋友是亲历者，他说，"我们不是学习 IBM 怎么干的，而是学习 IBM 为什么这么干，其背后的逻辑是什么。"

为了最大程度攫取 IBM 专家的知识、经验和智慧，任正非支持对接组成员不遗余力地缠着 IBM 专家进行交流。一个细节很能说明问题。一位华为高管告诉我："几乎每晚请 IBM 专家吃饭，恨不能 24 小时不停地问各个细节，但 IBM 专家只喜欢喝茅台，那餐费就相当昂贵，签单的时候我自己都犹豫，但任正非给我们充足的预算，支持我们全力去做。"

华为由此一步步地学会了 IPD/ISC（集成供应链）管理，以及集成财务管理、人力资源管理、秘书管理系统等，并建立了自己的整体管理体系。

这就有个疑问：请 IBM 做过咨询的中国公司数不胜数，为什么华为如此成功，而有些企业失败？某个行业的龙头企业，当年也高价请 IBM，试图引入管理，但中途夭折，双方互相埋怨。两相比较，差异的产生原因在哪呢？就是《华为公司基本法》华为有基本法，很多企业都没有。《华为公司基本法》，是任正非和华为人对"企业及其成长之道"的系统思考和共识。正是通过《华为公司基本法》，任正非完整地理清了：华为必须从一次创业走向二次创业、从机会主义走向能力主义、从人治走向法治，以及要完成这个过程，华为应该继承什么、扬弃什么、坚持什么、学习什么、发展什么。

华为因而有了指导自己前行的事业理论。这些都想清楚了，怎么走下去也就清楚了，即便过程中遇到艰难与挫折，也不会动摇，坚决前行。华为才能历经艰难，百折不挠，建立有效的管理体系。这是《华为公司基本法》的真正价值所在。

学习华为，要从学习《华为公司基本法》开始。每一个老板都需要像任正非那样，完成企业的系统思考，形成自己的事业理论：我是谁，从哪来，往哪去，如何去，如何团结志同道合者等等，也就有了自己的基本法。[1]

1998年，华为引进了久负盛名的英国NVQ企业行政管理资格认证，尝试先在秘书部门建立任职资格认证体系，建立文秘行为规范。经过深入的学习，华为秘书人员逐步认识到：（1）工作效率的提高是建立在有序工作之上的，任职资格认证正是提供了建立工作秩序的帮助。（2）要处理好例行公事之外的工作，需要有思路。资格认证正是提供一个思路、一个想法，帮助工作人员寻找处理问题的共性。（3）要提高工作效率，必须建立一种逻辑思维上的顺序。而任职资格认证的思路就是建立一个文秘行为规范，以及达到这一规范的机制。

在学习的同时，华为人力资源部依照英国NVQ企业行政管理标准体系建设公司人事管理和人员培训的平台，确定了文秘工作规范化和职业化的目标，并根据公司自己的实际情况修订和细化了文秘资格标准，建立了一套符合华为实际的具有多个级别和任职资格的考评体系。

在任职资格认证体系的指导下，打字速度、会议通知、会议文具、会议过程管理、会议纪要方法、办公室信息管理，以及各个部门的流程连接等成为华为秘书考核的内容。

在考评中，秘书可以对照文秘标准来检查自己的工作，以便及时改正，做到更好。而考评员与被考评者的关系是一种帮助与被帮助的关系，考评

1　白刚.华为的管理为什么会成功.新浪网，2014.5

员主要是帮助秘书早日达标，从而使秘书在考评过程中能够比较自如、正常地发挥自己的能力。

另外，华为还承诺考评合格的申请人可以获得由中英机构联合颁发的国际职业资格证书，该证书可以得到社会的认可，对员工来说，这也是对他们自身价值的认可。为保证考评工作的质量，华为在试点工作中根据英国 NVQ 体系的要求实行了内外部督考的制度。通过督考工作，华为以推动员工达标为共同的目标，上下协调一致，促进了公司各管理层之间，以及上下级之间关系的改善。

这次任职资格尝试获得了巨大成功，不仅解决了秘书的职业发展通道问题，极大地促进了秘书们的积极性，华为秘书部门工作效率也得到了很大的提高，华为的一个秘书的工作效率甚至相当于其他公司三个秘书的工作效率。

任正非在第二期品管圈活动汇报暨颁奖大会上讲道："大家知道，我们现在推行英国的任职资格标准，但是英国的任职资格标准是一个僵化的体系。英国这个国家，法制管制和它的企业管理条例是非常规范化的，在世界上应该是高水平的，你看看曾经的英属殖民地，像新加坡呀、香港呀，发展都很好，都是来源于他有周密的、全面的法制环境与建设。英国的任职资格体系虽然是个非常好的体系，但缺少生命活力。我们已经把美国 Hay公司的这个薪酬体系控制制度引入了任职资格体系，希望各级干部按照这个标准去比照比照自己，到底适不适合。我们最近考评了很多五级干部，仅用三级的标准考评他们，他们就满头大汗，感到三级太难考了。他们说，那咋办？我说，给你三年时间，一定要达到五级，你自己去努力补这个课去。三年以后有一大批达到标准，那我们就可以制度化。所以我们高级副总裁一级的任命，只有两年有效期。所以，我们确定的干部路线是从我们自己队伍尽快产生干部，就是要在实践中培养和选拔干部，要通过'小改进、大奖励'来提升干部的素质。当你看到自己的本领提升，对你一生都有巨大意义，你才知道奖金是轻飘飘的了。另外，你才知道你后头的人生命运才是最关键的。""我们确定了要自力更生，从自己的队伍里培养和选拔干部，但是我们并不排斥外来的帮助。大家知道，Tower 公司现在给我们做顾问，IBM 公司正在全面充当我们的管理顾问。他们带来了很多好思想、好方法，我们消化以后，经过一次培训、二次培训、三次培训，我们就慢慢地传播到基层去。"

　　在《商界评论》上，北大纵横咨询顾问陈颖对华为的资格认证体系有过细致的描述："华为还建立了资格认证部，组织培训了专门人员负责考评工作，同时还带动了公司员工的培训工作。秘书问题解决后，人力资源部成立了两个任职资格研究小组，每组三人，开始制订其他人员的任职资格体系。紧接着华为正式成立了任职资格管理部，对各个岗位设立相应的任职资格标准。为了使员工不断提高自身工作能力和价值，有一个更大更广的发展空间，任职资格管理部设计了管理与专业技术双重职业发展通道。在华为，六个培训中心统统归属于任职资格管理部之下。许多企业都为之头痛的培训无效问题，往往是由于缺少任职资格体系，无法得知'现有'和'应有'的差距。

　　"而在华为，有了任职资格体系，从某一级升到上一级，需要提高的能力一目了然，培训便具有针对性。任职资格标准牵引推动，培训体系支持配合，强调开发功能，真正解决员工职业发展问题。"

　　华为的任职资格标准包括资格标准和行为标准两个方面的内容。资格标准是任职资格不同能力级别表现出来的特征，如知识、经验和技能等的总和。它强调的是员工在专业领域中处在什么样的位置上，是员工技能水平的标尺，主要包括必备知识、专业经验、专业技能和专业成果四个部分。其中，专业技能是资格标准的核心，而行为标准则是完成某一业务范围工作活动的成功行为的总和。

华为在制度上不仅借鉴国外的做法，还有自己的创新。《华为公司基本法》以企业内部法律的形式，对公司的未来发展作出全面的规范，在国内企业经营发展史上是创新。创新意识同时也贯穿于华为整个经营管理过程，其中包括技术、生产、营销、组织、人事等的创新与开拓。

在《华为公司基本法》出台的同时，在任正非的建议之下，起草者们同时还拿出了28个"子基本法"，包括委员会管理法、虚拟利润法、安全退休金法以及人力资源制度等，这些"子基本法"仍然不是具体的操作制度规定，而是对企业各个组织单位的设计原则进行细分定位。它们没有惩罚和纠错的内容，关于企业运行底线的规定则由各种各样的制度和规章来实现。

《华为公司基本法》分为宗旨（核心价值观、目标、成长、价值分配）、基本经营政策（经营模式、研发、营销、生产、财务）、基本组织政策（组织方针、组织结构、高层组织）、基本人力资源政策（基本原则、员工权利与义务、考核、管理规范）、基本控制政策（管控方针、质管体系、全面预算、成本控制、流程重整、项目管理、审计、事业部、危机管理）、接班人与基本法修改等六个主要方面，采用法律条文的书写方式编写。

《华为公司基本法》近2万字，是继40年前的《鞍钢宪法》之后，又一个名称响亮的企业基本管理思想和政策大纲。《华为公司基本法》，实际上是根据任正非的思想用统一的语言集中作的一次梳理，在传承原有文化的基础上对行为准则具体化，是中国企业第一个完整系统地对其价值观的总结，对中国的企业文化建设起到很大推动作用。作为中国现代企业里最早、最系统、影响最大的文化大纲之一，成为以后企业制定类似企业内部文件的典型范本，对中国企业文化影响深远。以《华为公司基本法》为里程碑，华为继续吸收了包括 IBM 等公司在内的管理工具，形成了均衡管理的思想，完成了公司的蜕变，成为中国最优秀的国际化企业之一。

制度正在完善过程中，到处可以钻制度的空子。在制度不完善和监督制约机制不健全的地方，很容易以权谋私。完善的规章制度是对一家企业的生产、管理的保障，其范围包括企业生产经营管理的各个方面，影响到企业所有的活动。摩根斯坦利董事长普赛尔说过："所谓的企业管理就是解决一连串关系密切的问题，因此必须建立健全的规章制度，以便系统地予以解决，否则必将造成损失。"

在不同的发展阶段，企业会面临不同的阶段性任务，相应的就不可避免要应对不同的问题。企业制度的作用就是保障企业在各个阶段的运营，圆满完成阶段性任务。企业只有不断完善企业制度，才能不断提高运行效率，提高利润率。

第二节　负责人不能独断专行

企业负责人手中往往集中了巨大的资源，一次决策失误，就有可能给企业带来巨大的损失，而集合众人的力量则刚好相反，或许广大员工个人能力不足，但是若能互相补充，个人出现失误也不会给企业带来多大损失，一旦成功却能给企业带来很大的好处，因此，企业负责人一定要善于依靠团队，而不是依靠个人。

任正非并不是独断的国王，其在华为个人持股不到 2%。在华为的国度，员工的一天只需遵守《华为公司基本法》，如果提前一分钟打卡下班，根据公司规定：罚款人民币 500 元，直接领导"连坐"罚款 200 元，外加全公司通报。任正非曾解释过为何自己只有华为百分之一点多的股份，"不是我不想要多，是我不敢要多。中国有句俗话，肥猪容易被杀了过节。在中国现行的体制下，也许我是聪明的。……有一次黄昏以后，我自己开车去离深圳 200 公里的山沟开会。换个富人就不敢这么做……"

任正非表示："华为第一次创业的特点，是靠企业家行为，为了抓住机会，不顾手中资源，奋力牵引，凭着第一、第二代创业者的艰苦奋斗、远见卓识、超人的胆略，使公司从小发展到初具规模。第二次创业的目标就是可持续发展，要用十年时间使各项工作与国际接轨。它的特点是要淡化企业家的个人色彩，强化职业化管理。把人格魅力、牵引精神、个人推动力变成一种氛围，使它形成一个场，以推动和引导企业的正确发展。氛围也是一种宝贵的管理资源，只有氛围才会普及大多数人，才会形成宏大的具有相同价值观与驾驭能力的管理者队伍，才能在大规模的范围内，共同推动企业进步，而不是相互抵消。这个导向性的氛围就是共同制定并认同的《华为公司基本法》，而形成切实推动的就是将在十年内陆续产生的近百个子基本法。它将规范我们的行为与管理。"

回看华为创立初期，任正非的追述很有意味："前十年几乎没有开过办公会类似的会议，总是飞到各地去，听取他们的汇报，他们说怎么办就怎么办，理解他们，支持他们；听听研发人员的发散性思维，乱成一团的所谓研发，当时简直不可能有清晰的方向，像玻璃窗上的苍蝇，乱碰乱撞……也许是我无能、傻，才如此放权，使各路诸侯的聪明才智大发挥，成就了华为。我那时被称作甩手掌柜，不是我甩手，而是我真不知道如何管。"

任正非在其文章《不做昙花　现的英雄》中写道："前些年，由于快速发展，我们提拔了很多人，当时犯了'乔太守乱点鸳鸯谱'的错误，并不是我们选拔的所有干部都合乎科学的管理规律。因此，一定要把任职资格的工作扎扎实实做到底，3 ~ 5 年内形成自己的合理制度，公司就有了生存下去的希望。"

2000 年之后，任正非就曾指出，华为从一个"英雄"创造历史的小公司，正逐渐演变为一个职业化管理的具有一定规模的公司。要淡化英雄色彩，不提倡英雄主义，更要淡化领导人的色彩。任正非尤其希望能改变自己作为公司旗手的角色，转而依靠制度来管理华为，实现企业真正的职业化管理。

20 世纪 90 年代中期前后，是华为"英雄辈出"的年代。那时候，除了任正非，至少还有两位才俊在华为跌宕起伏的传奇故事中被一再提及——郑宝用与李一男。一位追随任正非创业至今、情如兄弟，一位深得任正非激赏并与其形同父子。郑李二人留给公众的形象符合华为早期创业与发展阶段的"品位"——技术标兵。

应该说李一男和郑宝用这些华为早期的功臣，都是华为企业发展史上不可忽略的"英雄"、"开国元勋"。在 2000 年之前，任正非曾多次在讲话中，以郑、李为模范，号召销售战线、研发部门等向他们学习，希望公司能培养出更多的李一男和郑宝用。

在经历了李一男出走事件后，任正非倚重为左右手的郑宝用又卧病不起，虽然经过救治没有了生命危险，但郑宝用已经不能再像从前那样拼命地投入工作。这两个事件促使任正非深入思考建立起"不依赖于个人的制度"的必要性。

此后，华为加大了对职业化进程的推进，全面引进国际管理体系，包括职位与薪酬体系，以及英国国家职业资格管理体系（NVQ），IBM 的集成产品开发（IPD）及集成供应链管理（ISC）等。2004 年，华为成立了 EMT（经营管理团队），由董事长、总裁及 6 位分管不同领域的副总裁组成。华为 EMT 构成群体决策的民主机构，推行轮值主席制，由不同的副总裁轮流执政，组成每月定期商讨公司战略决策的内部议会制，宣布个人英雄的时代彻底落幕。

任正非非常厌恶的是个人英雄主义，主张的是团队作战，"胜则举杯相庆，败则拼死相救。"在华为内部实施区别管理，要求中低层管理者继续争当英雄，以获得晋升的机会，成长为高级管理者。

2000 年，任正非在刊号为 101 期的《华为人》上发表了一篇名为《无为而治》的文章，其中有一段话是这样说的："华为曾经是一个'英雄'创造历史的小公司，正逐渐演变为一个职业化管理的具有一定规模的公司。淡化英雄色彩，特别是淡化领导人、创业者的色彩，是实现职业化的必然之路。只有职业化、流程化才能提高一个大公司的运作效率，降低管理内耗。第二次创业的一大特点就是职业化管理，职业化管理就使英雄难以在高层生成。公司将在两三年后，初步实现 IT 管理，端对端的流程化管理，每个职业管理者都在一段流程上规范化的运作。就如一列火车从广州开到北京，有数百人搬了道岔，有数十个司机接力。不能说最后一个驾车到了北京的就是英雄。即使需要一个人去接受鲜花，他也仅是一个代表，并不是真正的英雄。"

企业决策是集中，还是分散？在企业决策中是一个人说了算，还是大家说了算？这是企业制度中的一项重要内容。企业权力越集中，权力背后的信息越少，盲目决策就会越多，由此造成的损失就会越多；而权力越分散，权力背后的信息就越多，决策的失误就会越少。企业不是靠领导者一个人经营的，而是靠全体员工共同经营和努力建立起来的。

2014 年，任正非表示："公司管控目标要逐步从中央集权式，转向让听得见炮声的人来呼唤炮火，让前方组织有责、有权，后方组织赋能及监管。这种组织模式，必须建立在一个有效的管理平台上，包括流程、数据、信息、权力……"

企业决策需要负责人集权也需要分权。如果是战略决策，由于一般股东和一般员工既不了解产业，也不了解市场，民主决策所形成的不一定是正确决策，因此这种决策就应该由负责人和相关人员来做；如果是事关全体员工切身利益的决策事项，就应该避免独断专行，应听听员工的意见，避免以权谋私。企业的决策制度必须灵活，既要保证企业在运营过程中吸收多数人的建议，又不耽误决策执行。

第三节　领导管理中要以身作则

企业管理中，最有效的管理并不是持续不断的控制，也不是强制，而是触发个人内在的自发控制。做好企业监督最好的方法就是身教重于言传，一名合格的企业管理者不会刻意地去要求员工需要做什么，不需要做什么，他们往往以身作则，要求别人做到的自己先做到，而要求别人不做的自己首先不做。给员工树立一个好的榜样，比简单的发号施令要有用得多，榜样的力量是无穷的。久而久之，员工就会以管理者的言行举止为标准。

企业制度的设计应该是基于组织共同的价值、共同的利益，并且企业最高领导人不能游离于这个制度之外。一有新的制度出台，员工们倾向于先观察领导人的行为，一旦领导违反了制度而没有受到惩罚，哪怕是象征性的惩罚，那么员工就会有一种不公平感，该项制度将无法得到真正有效的实施。

管理者要以身作则，这点说起来容易做起来很难。比如作为管理者，你每天的工作都是按时高质量完成了吗？你所做的工作是被动地完成还是积极地去寻找问题？你每天都是准时上班吗？在工作中你必须做到公平、公正地对待每一位员工，即使这个员工与你有过个人恩怨。一个公司要有一种积极向上的氛围，这样的公司才会不断地创新。管理者每天要到现场走动，发现问题可及时与员工沟通，尊重员工提出的合理建议，与员工一起解决问题。有时你可以与员工一起工作，让员工觉得你和他都是一样的，不是高高在上的管理者。拉近你与员工之间的距离，这样你的团队才会有战斗力。

创业者的个性权威在一次创业时是有效的，因为他的个人品行、成就以及由此产生的威望，能够用一种支配他人和影响他人的力量，去平衡方方面面的关系。有了个性权威清楚的分配，不需要考评制度。但企业从一次创业向二次创业转变的过程中，必须把老板的个性权威转化为制度的理性权威。如果一个企业不能有效地建立制度理性权威，那么这个企业就很难实现管理协调。

华为在高度专业化分工的基础上如何变成一个整体，一定要有章法，这是基本法最原始的定义。从基本法开始，华为弄清楚了要成为一个什么样的企业；何以能够成为这样的企业；华为过去是怎么成功的；如果过去的成功不是可靠的向导，应该放弃什么、坚持什么；华为要想继续成功，应该增加什么。

专家只需将这些准则用系统化和文本方式表达出来，在这个过程中，我们也帮助任正非以合乎逻辑的方式把自己的思想梳理出来。因此《华为公司基本法》有很多他的原话，那不是教授的文章，而是任正非的思想。

接下来，最重要的是，从任正非开始，不违反制度。如果老板都带头违反规章制度，从此以后没有人会按制度办事。如果老板能够坚持几年、十几年，制度的理性权威就能建立起来，从此以后大家按制度办事。而制度可以通过公开、合法的程序去修改，做到与时俱进。

在这方面，西方比我们走得早一些。古希腊时，已经有了所谓的议会制，他们懂得用契约确定人与人之间的行为规范，形成所谓"共同体"。过去，契约的真理性建立在合约双方诚实守信的基础上，但有可能侵犯弱势群体的利益。独立战争以后，美国明确提出来，要把国家建立在不言而喻的真理基础上。[1]

华为创业初期，一些员工，尤其是市场经营人员在巨大的工作压力下，在节假日凑在一起打牌以舒缓工作压力。任正非发现后，即明确反对这种休闲方式。在他看来，这些都是无益健康的活动。

1998 年，任正非重申华为不允许打牌、打麻将。此后，多名带头打牌的干部被公司责成写检查。2004 年 4 月 28 日，华为下发了《华为商业行为

1　包政.解读《华为基本法》：让管理者树立权威.创业家，2013.7

准则》，其中有专门针对赌博的规定，《华为商业行为准则》认为："员工个人品德操守直接影响公司的形象和信誉，一个品行操守低俗的人，很难想象他在工作上能够担当重任，在与客户、同事相处时能够获得信任。"该准则对员工个人品德操守提出了更为明确、细致的要求，再次强调禁止参与赌博。2004 年下半年，华为又出台了《禁止干部赌博的决定》，要求各级干部必须带头不发生任何赌博行为，不引诱员工参与赌博，不管是在公共场所还是私人场所，都不能有金钱与物质输赢的活动。要求干部以身作则，将精力聚焦在工作、集中于学习。对沾染赌博恶习的干部，任正非下了最后通牒：不离开赌博就离开华为。

任正非如此认真地禁止赌博，并非针对赌博本身。在打下"江山"，"发达"后，有一些华为的干部居功自傲，追求享受和刺激，甚至玩物丧志，不思进取。这让任正非十分忧虑，他在一次干部会议上说："我们要求干部聚焦在工作上，这是一句十分沉重的话。我们现在有些干部对如何消遣、如何享受很有研究，在队伍中滋生一种不好的风气。"

在任正非看来，华为的文化是艰苦奋斗的文化，华为的干部大多是从奋斗中涌现出来的，有极强的社会责任感和自律精神。但是，华为的发展如逆水行舟，不进则退。那些玩物丧志的干部实际上是在放弃华为艰苦奋斗的传统，这将导致华为走向危险的边缘。任正非敏感地看到了这种趋势，他以禁止赌博为突破口给华为人敲响了一记长鸣的警钟。[1]

在强力推行集体主义的同时，任正非以身作则，不设专车，与普通员工在食堂一同就餐，他与员工的关系如同战场上的官兵。

任正非每月必做一事，将手机话费明细单上的私人电话逐一划除。不

1　程东升，刘丽丽．华为经营管理智慧．北京：当代中国出版社，2005.5

设专车，工作用车赶上什么车就是什么车，没车就打的士。华为的常务董事会成员也曾在全球华为人面前庄严宣誓，愿意以身作则，以自己的行动践行华为文化。

美国学者亨利·凯斯格尔说："领导者的工作，是要把他的部属带到一个不曾到过的境界。一般大众并不完全了解这个世界，领导者就必须拓展他们的视野，如果不这样做，这种领导者，即使现在很受欢迎，最终还是注定要失败的。"制度和文化的推进实施，领导的积极倡导和模范带头作用同样重要。企业领导人首先要积极行动起来，率先垂范，从自身做起，加强企业制度的贯彻，自觉接受群众监督。

HUAWEI

第八章

细化执行的标准流程

第一节　豪放型领导抵不过手册

世界快餐巨头麦当劳的总裁弗雷德·特纳把麦当劳战胜竞争者归功于细节，他曾说："我们的成功表明，我们的竞争者的管理层对下层的介入未能坚持下去，他们缺乏对细节的深层关注。"公司创办者雷·克劳克说："我认为在公司管理上，少即是好。由于麦当劳的规模，今天的麦当劳是我所知道的最没有结构的公司，因此我强调细节的重要性。如果你要把整件事做好，你必须做好你业务中的每个基础环节。"为了贯穿这一思想，麦当劳始终不断地把各种管理流程细节化，而且为了把细节做到更完美，麦当劳有一个创举式的方法，他们费尽心机编写了《麦当劳手册》，这本书是他们把细节管理的初期谋划做到极致的体现。

麦当劳中国区总裁说过一句话，在麦当劳，傻瓜都能做好工作！由于人的智商和经历不一样，各人的素养和能力也不一样，因此，会导致工作质量和稳定性不一样，也会导致服务和产品质量以及管理的成本不一样。为了保持产品质量的稳定和企业运营的均衡性，必须在一定程度上，通过一定的措施和方法来平衡由于人的能力、水平不同带来的工作质量的高低不同所造成的市场影响力的差异，这种差异会导致顾客满足程度不同，使顾客忠诚度下降。而解决这个问题的方法只有细节管理！因为，细节使工作变得更具操作性，细节能使工作更简单化，从而减低对个人能力的依赖，同时，细节还能使工作的稳定度和进度更能有效把握。

管理工作的细节是建立在管理细节固化的组织流程和制度之上的，而执行力的保障也来自这样的基础。当管理者贯彻企业计划的时候，往往因为与之配套的制度不合理，产生的结果和计划相差十万八千里。

所以，符合实际管理工作需要的制度和流程的制定，是管理者执行能力能否充分发挥的基本，完整的管理体系和简单高效的管理流程就能使管理者发挥其在管理中的执行力。

麦当劳坚持在食品品质上做文章，它将食品的做法、种类、分量都标准化，并采用电脑控制和标准操作进行生产。同时，麦当劳还制定严格精细的操作标准和工艺流程，使公司里成千上万的工作人员都能按相同的标准操作，以此来保证食品质量的稳定。

例如，麦当劳要求其供应商送至餐厅的每一个面包，在重量、宽度、高度、直径等方面都符合统一的标准。据说，在麦当劳的面包供应生产厂内，会经常看到这样一个场景：麦当劳的品质控制人员把面包放到一个特制的量具卡尺下，抽测每批面包的长、宽、高和直径是否合乎标准；同时，为了保持面包松软适度的口感和金黄色的外观，麦当劳还对面包的气孔大小、切割度、糖分、色泽和各种营养成分都进行精确测量。即便是面包上的粒粒芝麻，麦当劳也不轻易放过，对于如何均匀地撒芝麻甚至芝麻的数量，也都有明确的规定。

为了保证食物安全卫生，麦当劳还对供应商在生产过程中的每个环节都作了非常"苛刻"的规定。比如，面粉在使用前一定要先过筛子；糖在使用时一定要先化成糖水，过滤掉其中的杂质后再使用；装面粉的桶要求必须有盖子，而且盖子必须要有颜色，而且不能是白色的，这是为了避免意外破损时碎屑混入面粉中导致不易分辨。在面包送入麦当劳餐厅之前，麦当劳还会让包装好的面包经过 HACCP 程序，即"危害分析及关键控制点程序"的检查，这是为了检验面包中是否含有金属类物质，一旦面包里含有此类物质，金属探测器就会发出警报。

此外，麦当劳还对清洁用品进行了严格的规定。麦当劳规定，在清洁、清洗设备时不能用钢丝球，这是为了防止钢丝掉进食物中；清洗设备的刷子要使用除白色以外的颜色，而且要定期更换；在各工序间运输用的塑料筐不能有破损，以防塑料碎片进入食品中，现在，麦当劳还要求供应商一律改用不锈钢筐，等等。

标准化的执行操作为麦当劳带来的是标准化的高品质食品，这种高品质不仅表现在生产环节，还体现在销售环节上。即使是制作好的产品，麦当劳也要保证其品质和最佳口感，这就是为大众所熟悉的麦当劳的"过时报废"制度，即规定：食品一旦出炉或制成，超过一定时间无法售出就必须毫不犹豫地扔掉。正因为麦当劳坚持不卖品质不达标的食品，始终保证让顾客享受到品质最新鲜、味道最纯正的食品，所以麦当劳才会在全球范围内"畅行无阻"。

现在把岗位职责贴在墙上，已经不能满足企业精细化管理的要求了。很多企业都把岗位职责挂在墙上，但这些只有十余条款的岗位职责，只是对工作内容和工作任务做了简单的描述，根本达不到支持企业成员顺利完成任务的目的。为了满足精细化管理的要求，使管理程序真正能够帮助员工顺利完成任务，企业应该使岗位职责更加完善，同时对员工进行相应的培训，使员工具备完成相应工作任务的能力。现在，那些精细化管理做得比较好的企业，已经用员工手册代替了岗位职责，岗位职责更加细化。

华为公司通过由粗到细、由浅及深的策略，历时一年制定了一套任职资格标准，为每个岗位的工程师设立了清楚而细致的任职资格。

制定完标准之后，华为于1997年开始了基于任职资格的普遍学习，之后每半年开展一次任职资格的综合评定。员工根据任职资格的各项标准，结合日常的工作进行总结，积累任职资格认证所需的证据（符合认证的关键事例），然后进行自评，再由专业的主管和任职资格管理人员定期来取证和审核。当员工认为自己各项标准均已达标，就可以提出任职资格认定申请，经主管审核后，由任职资格评定机构即任职资格评定委员会进行综合评定。

当然，评定的结果与员工的加薪晋升是相关的。华为研发综合评定的目的是通过细致的任职资格工作，成功地带领研发人员在本职岗位上不断地追求技术能力的提升。

华为的任职资格体系首先是划分职位族，如领导族、技术族、技术管理族等，这实质是为了给人才指引一条职业发展通道。领导族包括各个部门的经理、副经理、经理助理等职位；技术族包括硬件、软件、测试、系统、通信网络、信令、操作系统等各种技术分类，职位上有助理工程师、工程师等多个等级；技术管理族包括预研、规划、计划管理、市场技术管理等相应的技术管理部门。

对于每一个职位族，或每一条职业发展通道，又设置了3～6个不同的等级，后来随着华为研发部的不断发展，最多的还设置了15级。对每一等级，研发部都针对所需的知识及技能、专业能力、专业成果和团队成长四个要素，制定了详细的任职资格标准。[1]

1　张利华.华为研发.北京：机械工业出版社，2009.10

第二节　量化每一项工作指标

麦当劳规定：在鸡腿烤出 20 分钟后，如果没有卖掉就一定要丢掉，对很多餐馆来说，别说 20 分钟，就是过了 2 个小时也舍不得扔掉。鸡腿烤出 20 分钟内就要消费，这就是标准，这就是麦当劳能够在全球迅速扩张的真正原因。

请仔细想一想，要达到这样一条看似简单的标准，背后需要做多少细致的工作啊！比如，客人太多鸡腿不够卖时，现烤肯定来不及，这就要让客人等，很可能失去顾客；而客人少烤的鸡腿太多时，又只好扔掉，这会大大增加经营成本。所以，既不能让客人等，又不能烤得太多而浪费，这就需要对顾客需求进行详细的纪录，找到客人数量与烤鸡腿数量的一种合理的比例关系，这样才能保证两者不误。不单单是烤鸡腿一项，其他食品以及服务也要按照相应的标准执行，可见这其中的细节是多么复杂。

杭州有一家优秀的企业——张生记，它以颇具特色的老鸭煲闻名海内外，在全国各地都设有分店。为什么张生记可以凭借"老鸭煲"打遍天下？这与张生记的掌门人张国伟对"老鸭煲"的细节管理有关。张国伟说："我们选的鸭子都是在杭嘉湖平原放养了 13 个月，净体重在 1.3 公斤到 1.5 公斤之间的麻鸭；火腿用的是金华火腿；笋干用的是天目笋干；黄酒用的是绍兴黄酒；沙锅用的是宜兴沙锅；一盅"老鸭煲"规定了放多少水，放多少笋干和火腿，什么时间开锅，什么时间盖盖等等。我们还制定了《宰鸭的细节须知》，如鸭子在被宰之前一定要让它喝水，因为长期运输容易造成鸭子脱水，宰杀之前喝水，不仅能使鸭子体态丰满，而且吃起来肉感也比较疏松细嫩；宰鸭时，一定要抓住鸭子的爪子而不能抓翅膀，因为抓翅膀比较容易导致皮下淤血，不但影响外观，而且会影响客户品尝美食的心情。"大家看看，这就是张生记"老鸭煲"天下闻名的原因。"老鸭煲"的每一道细节都有着严格的标准化程序——"数字化老鸭煲"。像这样的例子在我们生活中有很多，只要我们善于观察，善于思考，就会有很多的启示。我们一定要注重每一个细节。有时我们做事情的思路、方法都是对的，而事情却失败了，问题就是出在细节上。所以说，细节决定了成败。

什么叫做量化？举个简单的例子：很多人喜欢喝酒，而且明明知道喝酒会伤身体也常常喝。为什么还要喝呢？因为对于喝酒伤身体到底伤到什么程度并不清楚，所以总是感觉喝多少都不会危及生命，对于酒的危害程度其实没有什么概念。

但是量化以后认识就深刻了。研究表明，喝一两白酒，肝脏就要连续加重46小时的负担，那么如果喝一斤白酒，肝脏会有多大负担，就可想而知了。由于量化，我们对于喝酒伤害身体的程度马上就有很清楚的认识了。

再看另一个例子。某公司提出一个目标：要按照国际一流标准建设好队伍。乍一听，这个目标很是振奋人心。但怎么实现呢？首先我们需要明确下面的三个问题：

第一，自己的员工是否知道自己还不是一流，而是处在二流甚至三流？

第二，一流和二流的差别在哪里？

第三，从哪里开始创一流？范围、地域或者侧重点是什么？

知道了什么叫做国际一流，与一流相比差在哪里，从哪里开始创一流之后，再把这些内容进一步划分，这就叫量化。

如果目标没有量化，每个人、每个部门都不知道自己的职责所在，在工作中就会出现互相推诿、扯皮的现象。这样的话，目标就只能是一句空洞口号，反而不利于整个企业的发展。[1]

著名的霍尼威尔公司，产品的交货期不是以天数计算，而是以小时来计算。如一批产品在中午两点钟前到达公司的成品库，三点钟装上卡车，四点钟到达海关报税仓库，下午五点钟就飞往欧洲，第二天产品就能及时地出现在经销者所在地的市场上。这样霍尼威尔公司在时间的管理上就能满足客户的需求。

当人们的行动有明确的目标，并且能把自己的行动与目标不断加以对照，清楚地知道自己与目标的距离时，前进的力量就会得到持续和加强，人就会自觉地克服一切困难，努力达到目标。

因此，企业的管理者为员工分解目标并实施管控时，一定要注意为员工树立明确的目标，而且这个目标必须是可以具体量化的，不能太空洞。明确的责任意味着企业内的每个成员都知道自己应该做什么，而具体化的目标则能使所有员工知道应该怎么做。

能量化的尽量量化，首先要检查职能部门工作有哪些工作可以量化，比如培训工作，可以用培训时间、培训次数来衡量；制度工作，可以用制度制定的数量、违反次数来表示。难的是那些比较笼统，很难直观的工作，如提高质量水平、抓安全促生产等，针对这些工作，可以通过目标转化的方式来实现量化，转化的工具就是数量、质量、成本、时间等元素。通过

---

1 余世维．赢在执行（员工版）．北京：北京出版社，2009.6

目标的转化，许多模糊的目标就可以一清二楚了，如下表：

指标	目标转化描述	考核依据
数量	1.每月召开质量协调会议一次 2.每周都要对重点部门进行质量巡检 × 次	会议记录、巡检记录
质量	1.产品质量达标率要在 ×% 以上 2.质量管理体系年审复核通过	客户评议、年审记录
时间	1.出现的任何质量问题，都必须在 × 天内解决 2.每月 × 号上交本月质量分析报告，报告符合要求	质量记录、分析报告
成本	质量造成的损失必须控制在 × 元之内	财务统计

　　许多企业管理者将任务交代下去之后，便听之任之了，虽然说是用结果来评价员工完成任务与否，然而优秀的管理者在关注结果的同时也非常注重管控的流程，将目标分解到基层。

　　总的来说，目标的量化是使目标由抽象到具体的重要一步，将目标转化为可量化的指标，在具体考核时才有章可循，例如公司财务部某个员工具体负责部分工资表的制作，如果这个目标的完成程度直接和考核联系起来似乎有难度，但是如果具体量化为月份或年度工资计算正确率可能就好操作许多。[1]

　　华为在实施目标管理过程中，考虑 3 个关键的量化指标：时量、数量和质量。其中，时量是指完成工作的时间量；数量是指完成工作的数量；质量是指完成工作的程度和标准。这 3 个指标既是布置工作的要求，也是衡量工作效果的指标，贯穿于工作的全部过程，缺一不可。

　　1.时量指标：不是唯一的时间量化指标，只是为量化工作提供一个参考，而且时间的累加也不是完成一项工作的时间最终值。这是因为动作或工作

1　邵雨.管控力：面向目标的执行方法.北京：清华大学出版社，2008.4

单元之间存在着同步性。时间类标准包括期限、天数、推出新产品的周期及服务时间等。

2. 数量指标：不只是完成工作项目的数量，还可以是产量、次数、频率、销售额、利润率及客户保持率等。

3. 质量指标：可以进一步具体为百分比或次数，如准确性、满意度、通过率、达标率、创新性及投诉率等。

对企业来说，一些职能部门岗位工作繁杂琐碎，无法确定其工作核心是什么，不好量化，而且量化了也不一定做到全面、客观。此类典型职位包括办公室主任、行政人员、内勤等。碰到这种情况，我们可以采取目标细化的方式：首先对该职位工作进行盘点，找出该职位所承担的关键职责，然后运用合适的指标进行量化。这样，经过细化的指标就基本上能够涵盖其主要工作。如办公室主任，经过梳理其关键职责有几条，然后就可以用相应指标衡量了。

不仅工作指标越来越细化，华为人力资源部负责招聘工作的孙维，其工作内容也越来越强调用数字说明工作的完成情况。

孙维接到写计划书的工作安排。"月初先把该月计划要做的工作列出来，月底看完成情况。"孙维说，"不仅如此，许多以前没有见过的细化指标也出现在我的工作计划书里。"

在他的工作计划书中，"招聘成功率"及"新聘员工的离职率"代替了原来的"是否招到人"和"招到几个人"的考核条目。

此外，许多之前难以考核的定性指标也逐渐量化，比如实施公司 HR 信息的管理或上报提交。"这是人力资源部的一个常规工作，每个月都做，有时候可能信息根本就无需改动，也要报上去，原来的考核指标是：你报还是没有报？这是纯定性的，作为上司，只有"是"与"否"两个定性的选择。这在操作过程中显然有不尽合理之处。"孙维举例说，"比如，有时候可能按时报上来了，但数据有一些小差错，你怎么衡量？有时候可能是推迟一天报上来了，但信息是准确无误的，这又该如何判定？"

后来，考核孙维的这个指标也实现了数字化，分解为"员工人力资源信息与实际情况的吻合程度"、"员工信息有变动的时候是否及时更新（如每周更新）"、"是否按时上报"等考核指标，把这些指标套进 A、B、C、D、E 五级评分标准中进行评估。如此，对员工的工作要求就一目了然，HR 信息定时上报的情况得到了彻底改变。

值得注意的是，在华为，考核推行的步骤也被量化了，实施强制分布原则，分为 ABCD 四个档次，规定每年年底，属于最低 D 档级的不得少于员工数的 5%，三级主管以下季度考、中高层管理人员半年述职一次，在考核的同时，设定下季度的目标。如果属于 D 档的，晋升与薪酬都会受到影响。[1]

第三节　执行要不折不扣

德国汽车公司的高级管理人员被中国工人气哭了，这是一件真事。在与德国汽车公司合营的中国工厂里，中国工人生产出的汽车总会出现这样或那样的质量问题，德方百思不得其解，便派出公司的高级质量检查员来厂一查究竟，没有想到原因简单得令人难以置信：有一个零件，技术计划书明确要求锤打 36 次，但在执行中，大多数工人随意而锤，想锤几下锤几下，

1　华为的绩效考核秘诀你知道么 . 总裁学习网，2013.6

严格按要求做的工人凤毛麟角。为这样一件我们很多人都会不以为然的小事，德方高级管理人员落泪了，而且哭得很伤心：这样执行技术计划书，产品会失去竞争力的，企业会垮的！从这位德国高级管理人员带泪的呐喊中可以看出中国企业的通病：缺乏对细节的执行力。

企业经营的成功很大程度上靠的是一套完善的制度、模式，更要靠对这些制度、模式不折不扣地贯彻执行，例如华为的长盛不衰、海尔的利润倍增、联想的步步为营等。在这些企业中，每个人的能力虽然有限，但一旦进入企业这个规范化的系统中，每个人的能力因执行到位而产生了放大效应，被充分地发挥出来。

执行力是推动工作、落实制度的前提。事实证明，制度制定以后关键是执行，再好的制度如果没有人执行或执行不到位也是没用的。作为企业的一员，我们的工作必须着眼在不折不扣地执行上。

任正非有个非常著名的理论：在引进新管理体系时，要先僵化，后优化，再固化。他对手下的干部讲，5年之内不允许你们进行幼稚创新，顾问们说什么，用什么方法，即使认为不合理，也不允许你们动。5年以后，把系统用好了，我可以授权你们进行局部的改动。至于结构性改动，那是10年之后的事。正是因为这种对制度的尊重和始终如一的贯彻，才创造了华为的春天。遇到这样的企业，遇到这样的老总，咨询公司除了担心自身能力，惟恐辜负了企业的厚望外，还有什么好担心的呢？

一位管理大师曾说："老板通常观察员工同自己共同处理事情时是否能够同忧同乐，来决定这名员工是否是个心地纯正的人，从而决定他是否是某一个职位最合适的人选。"对企业的业务参与程度越深，就越能够作出更加明智的决策，并且越能把决策不折不扣地执行下去。

巴顿将军在他的战争回忆录《我所知道的战争》中曾写到这样一个细节：

我要提拔人时常常把所有的候选人排到一起，给他们提一个我想要他们解决的问题。我说："伙计们，我要在仓库后面挖一条战壕，8英尺长，3英尺宽，6英寸深。"我就告诉他们那么多。我有一个带后窗户的仓库。候选人在检查工具时，我走进仓库，通过窗户观察他们。

我看到伙计们把锹和镐都放到仓库后面的地上。他们休息了几分钟后，开始议论我为什么要他们挖这么浅的战壕。他们有的说6英寸还不够当火炮掩体。其他人争论说，这样的战壕太热或太冷。如果伙计们是军官，他们会抱怨他们不该干挖战壕这么普通的体力劳动。最后，有个伙计对别人下命令："让我们把战壕挖好后离开这里吧，那个老畜生想用战壕干什么都没关系。"

那个伙计得到了提拔，我必须挑选不找任何借口完成任务的人。

服从指令听指挥不仅仅是态度问题，在一定程度上也反映了一个人的集体主义观念。在一个公司工作，就决定了我们有遵章守纪、服从领导指令的责任。如果我们有基本的以集体利益为重的观念，就会自觉地服从上级的命令和指示，而不是勉强服从，口服心不服，然后在执行中消极应付。

有一位叫普尔顿的年轻人，老板让他去一个偏僻的地区开辟新市场。之前，老板曾把任务交给公司中的其他员工去做，但是这些员工认为公司的产品在那里取得销路是十分困难的，接受这个任务只能是徒劳，于是都一一推掉了。而普尔顿在接到老板的指令后，什么也没有问，只是带着公司的一些样品出发了。三个月后，普尔顿成为公司最受欢迎的人回到了公司，他带回的消息是已成功占领新市场。其实，普尔顿在出发前对新市场也没有信心，但是由于他优秀品质中的强烈服从意识，让他依然选择了接受命令，并用尽全力去开拓新市场，最终取得了成功。

任正非在回答"新员工进入岗位后，究竟是'干一行爱一行'还是'爱一行干一行'"这个问题时表示："公司允许员工有挑选岗位的机会，不用封建包办婚姻式的包办定终身，但过分自由也不好。因此你在工作中要先服从分配，尽快磨合，让思想火花在本工作中闪烁出来，慢慢爱上这个岗位。如果发现很不合适，还有调换机会。但万不可这山望着那山高，结果哪座山也爬不上去，最后被公司淘汰了。干一行爱一行、爱一行干一行是相对的，不能无限地乱爱下去，不能无限制地调换岗位。"

就像鲁迅的拿来主义，先要服从企业的制度、主管的命令，尽快磨合之后，慢慢体会其中之义。

在企业中，我们都应该意识到自己的职责就是服从，在服从面前没有多余的"条件"，对领导的任何命令都是完全接受，然后坚定不移、不遗余力地执行到位，这样才能确保集体行动的一致性，使团队任务圆满完成。

当年解放军攻打上海前，规定了两条纪律：一是攻城不准用炮；二是入城后不准进民宅。稍微有些军事常识的人，都能想象这两条纪律执行起来有多难。因为城市攻坚战非常残酷，不准用炮，意味着官兵们要冒着敌人的炮火硬往上冲，伤亡倍增不难想象。一场残酷的战斗后，官兵们的心理很容易失衡，憋了一肚子火，需要发泄。所以，古代将领带兵攻城，经常有言在先，"破城之时，大掠三日。"意思是说，只要把城打下来，三天三夜，士兵们想干什么就干什么，杀人放火都可以。三天过后，心理恢复平衡了，再重新讲纪律。虽然这两条纪律执行起来很难，可当年的解放军就是与众不同，都不折不扣地执行了。所以，上海这个被喻为东方明珠的现代化大都市，才得以完整保存。解放军进入上海市区后，上至兵团司令，下到普通士兵，在大马路上待了三天。在人类军事史上，恐怕也只有毛泽东领导下的解放军，才能在一场血战之后，老老实实地在大马路上睡了三夜。

海尔从"砸冰箱"到"不许随地大小便"，都是在做小事，在强调细节。如果当初张瑞敏对海尔冰箱的质量问题、员工在厂区随地大小便等问题视而不见，不重视、不整顿，海尔可能早已退出商业舞台了。所以要完美执行，员工必须要有 100% 执行到位的思想。

刚开始，张瑞敏积极下车间，与工人们一起生产劳动。很快他就发现，工厂缺乏有效的管理，员工也缺乏质量意识。虽然也颁布了一些管理制度，但很少有人认真执行。厂里的一些男工甚至懒得去厕所，就在车间外的墙角处小解。

张瑞敏决定整顿一下厂里的纪律，一听说要整顿，厂里人就搬出过去制定的一人高的规章制度。张瑞敏回忆说："我认为，在某种意义上法制也是另一种形式的人制，这是制定下来靠人来执行的。而中国恰恰有人说，一些最简单的规章制度往往没有执行，说得挺好听，但它执行起来可能又是另外一种样子。我即使没有做到，也没有人去管我。

"我们首先要坚持，我们制定出来的规章制度就一定要执行。而且这个制度一定要比当时的制定水准高一点。但不要跟它现在的水平差得太多，根本没法达到，而是逐渐地提高。

"我举个例子，我刚到这个工厂来的时候，这个工厂差到什么程度呢？工人可以在车间里面随意大小便，木头窗户卸掉了烤火，因为没有煤。就是这么一个状态。

"工厂的规则制度原来也有一大堆，可工人根本就当废纸一样连看都不看。这样，我们当时就制定出 13 条规章，这 13 条非常简单：不准在车间大小便，不准偷紧俏物资，不准破坏公物……就是这么简单，简单得不能再简单，这是最低最低的道德水平。"

当时，张瑞敏实行的就是这简单得不能再简单的条例，说到底，考验的是管理者对这些条例能否"说到做到"，是否是真的实行，而不是做样子。2005 年，张瑞敏在接受采访时说道："说到必须做到。所以我们今天把这个制度公布以后，明天就抓到一个人，他在车间里小便，然后我对这个人进行严厉的处罚。当时的处罚不像你说的这种开除的问题，当时没有开除的，但是我们就给你开除厂籍，留厂察看。这在当时是非常引人注目的，没有一个厂是这么做的。

"那是在 1985 年，基本上都是铁饭碗。所以这么做对工人的震撼非常大。旧的规章制度太老了，他看到了你这个规章制度是有用的。你这个规章制度不是随便说一说，随便写到文里去的，所以就认真对待了。在中国企业界我一定要说到做到。"

张瑞敏的领导之路也是从 1984 年 12 月刚到工厂之后制定的 13 条规章开始的，多年后他回忆起那一幕说："现在看来这 13 条已没什么意义，可对当时来讲却是有效的。既然规定（不准在车间大小便），如果找到一个在车间大小便的，找到之后就要公布、处理。这样做的目的就是要树立工人的一种信心，也是建立工人对你的一种信任。

"冰箱厂刚起步时，这种做法起了非常大的作用，并不是因为你处理了一个不按你规章制度办事的人，而是工人感到一年之中换了四位厂长，只有这个厂长是言必信，行必果。"

再好的企业，也必定有其艰难创业的第一步。最初的海尔管理起源于"13条制度"，管理的要义就是从实际出发，符合现状的管理办法最有效；不符合现状的管理，目标再高也没有用。

HUAWEI

第九章

有效的过程控制

第一节　全员参与是细节管理的保障

日本三菱集团创始人岩奇弥太郎以勤俭办企业著称于世，他曾生动地说过："酒桶如果有个大漏洞，谁都会很快发现，但是，桶底如果有个毛发般的小孔，却不太容易被注意到。"涓滴的泄漏比大量的溢出更可怕！确实，细节问题因为其小容易被忽视，但由此造成的后果却会很严重。因此企业应及时发现和消除存在的小漏洞。但这样就会产生一个问题，即企业大量的细节问题应由谁来负责发现和消除？细节管理的回答是：依靠全体员工，特别是一线普通员工。

因为，一方面员工的经验和智慧是企业宝贵的财富，他们了解企业流程的每个细节，他们也知道企业的具体症结；另一方面，企业中的大部分人是具体操作人员，领导层所占的比例较小，而领导的时间、精力、智慧都是有限的，不管其如何用心和努力，都不可能发现和解决企业中存在的所有问题，只有充分发挥全体员工的积极性，充分利用他们的智慧，才能使企业在市场竞争中立于不败之地。确实，一个企业要解决的细节问题很多，如果都等领导来解决，这是不能想象的。

"自助者天助"，企业管理的逻辑点最终要反映在如何调动企业员工的积极性上。特别是当今这个复杂多变的时代，要求企业建立全员应变的企业应变机制和应变文化。而细节管理正是从这一点上强调管理是以企业员工为主体的全员性活动。全员参与的细节管理强调每个员工从身边事做起，摆脱工作生活中的被动、消极处境，变抱怨、等待为积极主动解决问题；强调"自我管理"，即从我做起，自己发现问题，并且自己尽快解决问题；强调问题的解决，不拘泥于谁是谁非。

如果企业的全体员工都来关注细节，则细节无处可遁。

细节管理就是落实管理责任，变一人操心为大家操心，实现管理责任具体化、明确化。精细化管理对每一个人来讲就是要尽职、尽责，对工作负责，对岗位负责，人人都管理、处处有管理、事事有管理，做不好分内的事就应该承担相应的责任。对企业整体来讲，要自上而下层层有责任、人人有责任，做到职责清晰，任务明确、细化、量化、具体化。

要落实责任，首先要建立健全各级岗位、各个部门的责任制，形成纵到底、横到边的责任保证体系。通过建立责任制对各级岗位、各个部门作具体的规定，这样才能做到职责分明，各司其职，充分调动各个岗位人员的主观能动性，做到事事有人管、层层有专责，真正把责任落实到人头，管理落实到实处。

在细节化管理中，通过落实员工责任、规范员工行为、完善精细标准，让每一位员工在工作中对每一个步骤都要精心，每一个环节都要精细，每一项工作都做成精品，形成"事事有标准、处处有规范、时时有人管、人人都管事"的精细化管理体系。

细节管理是一个全员参与的过程，也是全过程和全面的精细，只有每一个人都参与到精细化管理之中，达到上下联动，精细化管理才能落到实处，才能发挥成效。

向细节管理要效益，要在提高全员意识上下功夫。细节管理是一种理念，是一种意识，更是一种精益求精的态度。企业的各项管理是通过全体员工去实施和运作体现的，细节管理是一个全员参与的过程，只有每一个人都参与到细节管理之中，细节管理才能够发挥出成效。

华为对项目组范围内的管理是非常精细的，这样管理的工作量无疑是非常大，如果仅凭项目组中几个骨干管理人员来进行管理，他们无论如何是忙不过来的，更无法做与项目本身相关的任何技术性工作，这自然将导致人力成本的巨大浪费，那在华为合作项目组中是如何解决这个问题的呢？

全员参与管理，这是在华为项目管理中比较独特的一种方式，除了前面所说的项目经理将管理工作分解到各小组长外，项目组中还会任命很多为项目管理服务的角色和职务，比如纪律监督员、考勤记录员，还有图书管理员、配置管理员（CMO）、培训管理员等。在一个大型项目组中，各种协调和基础性管理工作是非常多的，这些工作被整理并分解给不同的人员负责，并以责任分工界面方式明确下来，项目组的所有成员都会参与到这样的管理工作中来，很好地提高了所有组员的主人翁意识和积极性；即使在每个小组中，小组长也会经常根据项目任务进展需要和组员的能力情况，分配一些专项主题工作由不同组员负责牵头，组员心理上常能感受到组长对自己能力的信任和认可，领命之后的组员一般都能感受到一种使命感而投入极大的热情负责这类工作，效果也常是非常明显的。全员参与管理，极大地塑造和提升了整个项目组对工作中细节处理的普遍积极性。

华为表示，质量文化建设工作必须全员参与，才能真正有效果，并且要长期坚持。发动全员参与质量文化建设工作，这是提高质量的根本。企业向社会提供产品，需要由很多个环节来共同完成，从产品的设计、开发、制造、生产、销售直到售后服务。而所有这些环节都是由各部门、各岗位的人员共同完成的，任何一个环节出问题都将影响产品的最终质量。因此，要通过质量文化建设和管理工作的互动，使员工更深入地理解质量文化的内涵。

正是因为华为对品质的控制所进行的全员参与式的细节管理，才使得华为产品的品质有了很大的提升。一位华为人这样写道："随着巡检和抽检工作的开展，员工提高了自检、互检意识，'第一次就把工作做好'已不再是一句空话。由于巡检、抽检中发现的问题与员工的品质系数直接挂钩，操作员工一有时间就自检，下道工位对上道一工位的作业内容进行互检，大大降低了首检不合格率，插件工序在这方面收效甚大，如5月9日生产C803OPT板时，第12工位将两个电解电容插反，第13工位在进行自检、互检时，便发现这一错误，迅速反馈给责任者，避免了批量性质量问题流入下道工序。另外，抽检、巡检工作的开展，也使下道工序投诉率大大降低，比如，焊接车间的下道工序投诉由3月份的22起降至4、5月份的7起、4起（这其中主要是事前预防控制做得好）。从根本上说，巡检、抽检工作进一步提升了'全员'的质量意识。我们将发现的问题在第一时间反馈给相关人员，由于生产管理人员及PE工程师对我们反馈的问题高度重视，并积极加入到我们的巡检、抽检行列中来，因此许多问题得到了迅速、彻底的解决。全员参与的质量管理，也大大减轻了检验员事后把关的巨大压力。另外，加工品管部每半个月对抽检、巡检工作总结一次，给相关管理者'有的放矢'的管理提供了参考依据。"

第二节　在细微之处着力

在工作中，没有任何一件事情，小到可以被抛弃；没有任何一个细节，细到应该被忽略。传媒界巨子罗伯特·默多克曾用一句非常朴素的话总结自己的成功经验："在买报和卖报中，我学会了办报。"不要小看工作中每个细节的改变，用心做好工作中的每个细节，你自然会引起别人的注意，获得更多的机遇。而影响力，也是从工作的每个细节中累积起来的。在日常工作中，我们应该如何做呢？

米查尔·安格鲁是闻名于世的雕塑家。有一天，他在工作室向一位来访者解释，为什么自这位参观者上次来参观到现在他都一直忙于这个雕塑的创作，迄今还有一部分仍未完成。安格鲁指着雕塑认真地说："这个地方，仍需要再润色一下，让它看起来更加光彩夺目，这样整个面部的表情会因它光彩的增加而更柔和。当然，在它的衬托下，"他又指了一下另一个地方，"那块肌肉也会显得强健有力。"他顿了一下说，"嘴唇会更富有表情。当然，全身会因为以上的种种显得更有力度。"

来访者听了安格鲁的介绍，疑惑不解地问："您所说的这些相对于这座雕像来说，好像都是些琐碎之处，它们在这个雕像中并不是那么引人注目。"安格鲁回答道："情形也许如此，但是你一定要知道，也正是你所说的这些琐碎的、不引人注目的细小之处才使整个作品趋于完美呀！而相对一件作品，完美的细小之处可不是件小事情呀！"

精细化不是什么新东西，作为一种追求精益求精的努力，自古以来那些做事认真的人就已经在做了。但作为现代工业化时代的一个管理概念，最早是由日本的企业在 20 世纪 50 年代提出的。1950 年，有一位名叫丰田英二的日本工程师，赴美国对底特律福特公司的罗杰工厂研究了 3 个月。丰田英二学习福特的汽车生产和管理方法，并且努力在此基础上改进提高。他以避免浪费为着眼点，设法在生产过程中消灭任何无用的动作、避免无用的努力、消除无用的材料，努力建立这样一种企业：消灭不能给产品或服务的最终用户带来好处的所有活动，同时，持续不断地寻找并贯彻改进的方法。

日本企业以精益相号召，切实改进了产品质量，推动了日本经济增长，使日本很快超过德国，成为世界第二经济大国。这使得"装在汽车轮子上"的美国的汽车制造商也不得不放下架子，前往日本丰田等汽车生产商那里取经。之后，精益企业管理方法和精益生产方法，随着日本经济的崛起而走向全世界。

成就非凡的人，总是于细微之处用心，在细微之处着力。因为这些毫不起眼的小事的完成，才保证了大事的成功。

任正非十分重视与员工交流，他甚至会不辞辛苦地飞到全球各地，与"艰苦地区"的员工促膝长谈，谈话的内容既有大道理，也有生活细节。比如2004 年，在与尼日利亚员工座谈时，他首先通报了公司的近况，表示公司正处于大发展的阶段，将在选拔干部时更加注重品德，比如愿意到艰苦地方去就是品德内涵之一。之后，他又与外派员工细谈吃饭问题、洗衣问题和家属问题，以他老板和长者的双重身份，如此细微体贴地谈到这些，是颇令人动容的。

从 2007 年到 2008 年，任正非更加频繁地参加了与一线，尤其是所谓"艰苦地区"的一线员工的座谈会，这些座谈的讲话内容大同小异，主要是如何改善他们的生活。如食堂建设、医疗救治和生命保障，等等。除了亲自表达关怀，任正非还要求公司的管理干部也要有这样的意识。他说，士为知己者死的前提，是长官要爱惜自己的士兵，"古往今来凡能大战的部队，无一例外"。他表示，华为的企业文化，其实是提供了一个合作向心力以及与人为善的价值观，强调奋斗，"绝不是让各级干部又凶又恶"。

一位在沙特工作的华为人有过这样的经历："我到（沙特的）另一个小城市去接替一位即将回国的同事，同事跟我交接好工作，最后我问他洗板水（焊点清洗剂）和蒸馏水（清洁烙铁用）有没有剩？他说他来这么久压根就没用过这些，一是这些东西不能从国内带去，而沙特又的确没有（沙特严禁任何酒精制品）；二是他觉得不用也不会有什么质量问题，而且自己买费用能不能报销也是个问题。也许他还不知道索尼公司就是因为小小锡珠未清洗干净才导致全球性的电池召回事件，影响极大且损失惨重。是的，有时我们或许可以找一堆的理由来原谅自己，然而一旦出现质量问题我们是否可以要求客户原谅我们呢？前事不忘，后事之师，马电事件还历历在目啊。第二天我跑了四条街终于在一个小店找到了相应替代品，那一刻，心中很坦然。"

工作中的细节看上去毫不引人注意，却是一个人工作态度的最好证明。那些百分之百关注现在工作的员工，总能够认真对待工作的每一个细节，将工作做到尽善尽美。也正是这样的工作态度，才使他们不断成长和发展。

同样是喝水，日本僧人是怎样提供服务的呢？日本将军丰臣秀吉去寺院讨水喝，寺院僧人先是端过来一大碗稍凉一点的茶，将军一饮而尽。继之，僧人又端来一中碗稍热一点的茶，将军慢慢饮下。最后，僧人又端来一小碗热茶。将军不解其意，僧人解释说："将军刚进寺院时，饥渴难忍，所以先奉上一大碗不热的茶供将军解渴；第二碗稍热一点的茶供将军一边解渴一边品茗；当将军解完渴后，最后一小碗热茶是专供将军品茗的。"将军听后甚为称奇。

对企业来说，贴心的服务显得更为迫切与必要。

华为虽然没有故意拖欠过供应商的货款，虽然设立有专门供供应商查询付款进度的热线电话，但对供应商并没有给予充分的重视。华为国内财务部和采购核算处部分员工，经常为每周能准时按期支付供应商的货款而暗自得意。接听热线电话的华为人也为自己能耐心、热情地回答供应商的查询电话而暗自夸耀："我们的服务很好嘛！"大多数华为人其实并没有认真考虑过供应商的感受，更没有认真地想供应商之所想，急供应商之所急。任正非在华为推行"集成供应链"、"财务四统一"项目，一次次开展"增强责任心"、"提高服务意识"、"批评与自我批评"等活动，华为国内财务部和采购核算处开始反思如何更好地为供应商提供服务。通过近两年一系列付款流程调整及不断优化，华为取消了重复的审核环节，使发票入账时间缩短为以前的1/6，在采购全流程效益提高的同时，对供应商付款的及时率达到了95%以上。

此外，华为还从小处着手，进行改进。比如建立与供应商定期对账制度，及时发现问题并共同改进；运用财务付款自动传真系统，将每周的付款情况通过传真及时通报给供应商，以便其对应收款核销，及时掌握回款进度。华为有关部门还不定期地走访供应商，讲解华为对发票开具的要求、付款步骤等，倾听供应商的意见和建议，现场解决不了的就带回公司，请有关部门协助，并将解决办法通报给供应商。

华为还设立了统一的对外接口平台。为避免岗位流动频繁给供应商带来的麻烦，华为改变了过去一直沿袭的每位会计各管一块的模式，设立了统一的对外接口平台，由一个人专门负责接收供应商的发票、回答供应商的各种咨询，同时制定了内部管理规章，对员工的服务质量制定了严格的考核标准。[1]

第三节　设定有效的监督考核指标

深夜，三个和尚虽然都渴极了，却仍然互不理睬。这时，一只小老鼠神气活现地跑出来。它爬上烛台，弄倒了蜡烛，烧着了幔布。哎呀，寺庙着火了！

三个和尚冲到寺外，一个下山挑水，一个泼水救火，一个用被子扑打，齐心协力，终于扑灭了大火，保住了寺庙！三个和尚高兴得互相握手庆贺。

从此以后，胖和尚在山下打水，小和尚挑水上山，高和尚把水倒进水缸。三个和尚分工合作，水缸里总是满满的。

三个和尚没水喝的原因是没有"领导"来考核每个人的工作绩效，职责不清而互相推卸责任，最后，一只恶作剧的小老鼠使他们认识到问题的严重性，引起了他们对绩效的关注。

绩效考核是对员工绩效的评价，那么什么是员工的绩效？

绩效是一个含义广泛的概念，在不同情况下，绩效有不同的含义。从

1　程东升，刘丽丽.华为经营管理智慧.北京：当代中国出版社，2005.5

其字面上来看："绩"是指业绩，即员工的工作结果；"效"是指效率，即员工的工作过程。也就是讲：

绩效 = 结果 + 过程（取得未来优异绩效的行为与素质）

绩效 = 做了什么（实际结果）+ 能做什么（预期结果）

需要说明的是，绩效考核无疑是绩效导向式的。但绩效导向并不意味着只关注结果，在关注结果的同时，也关注取得这些结果的过程，即员工在未来取得优异绩效的行为和素质。所以讲，这里的绩效是过去绩效与未来取得优异绩效的行为与素质的总和。

有的企业做了绩效管理但是没效果，只是流于形式，没有真正的考核价值，导致这些问题的原因可能是很多企业管理者只是看到绩效管理约束员工、处罚员工的一面，却没有看到绩效管理对员工激励、引导、支持的作用。

激励和奖励员工是绩效考核的主要目标之一。当资源可见时，容易监控；人力资源及智力是不可控的，管理的难度增加，激励变得尤其重要。只有通过考核，才有激励和奖励员工的依据，通过一个增强的环路回馈，使高绩效员工保持高绩效，令后进者向往和主动改善绩效。

激励是手段，激励员工之间竞争固然必要，但相比之下，激发起所有员工的团队精神尤显突出。绩效评估是专注于活动，还是专注于最终成果，管理者须细细思量。

一个新员工刚进公司，开始是积极向上的，八点上班他七点半就到，晚上下班以后还照样在办公室加班，但当一个新士兵变成一个"兵痞"，他就缺乏活力与激情了。当一匹马从战马变成懒马，变成病马的时候，这个马群一定会出现类似于传染病一般的普遍惰怠与散漫，普遍的不想作为。

比员工疲劳症更可怕的是领袖疲劳症，也就是管理者的疲劳症。领袖是一帮什么人？是一帮永远富于妄想症的冒险家。中国社会最缺乏的是企业家精神，企业家精神中最重要的第一是冒险精神，第二是永不懈怠的持续的冒险精神，也就是说领袖必须像永动机一般思考和行动。所以，组织的领袖能够保持持续的激情与活力，持续的奋斗精神，才是一个组织的关键，但是光有这个关键还不行，还必须点燃起整个组织的全体参与者、追随者们持续的梦想、持续的激情。

我们把组织的惰怠现象称作"组织黑洞"——类似于宇宙中的"黑洞"——任何接近于天体黑洞的物质与能量都会被瞬间吞没掉。所以组织要远离"黑洞"，通过强健组织的正能量以战胜"暗能量"。[1]

要摆脱"黑洞"，最见效的方法就是制定合理的激励目标。目标就是期望的成果，就是不管是个人、部门还是整体努力的结果。目标不仅仅为管理决策层指明方向，还可以为员工提供一种衡量实际绩效的标准。目标管理的考核方法能对员工产生巨大的激励作用：目标确定后，它能使员工明确方向看到前景，因而能起到鼓舞人心、振奋精神和激发斗志的作用；而在目标执行的过程中，由于制定目标具有先进性和挑战性，因而有利于激发员工的积极性和创造性；当管理层和员工实现目标后，由于愿望和追求得到满足，员工也看到自己的工作成绩，会从心理上产生一种满足感和自豪感，这样就会激励员工以更大的热情和信心去承担新的任务以达到新的目标，形成良性循环体系。[2]

通常在企业中，对于不同性质的职位会采用不同的薪酬制度，职务所承担企业运营的权重决定了薪酬的差异性，而职位价值则决定了薪酬中比

1 田涛.华为内部教育文章：华为如何把15万秀才变成兵.投资与合作，2013.7
2 赵国强，杨魏峰.管理心理学.郑州：河南大学出版社，1995.12

较稳定的部分，也就是俗称的基础工资部分，然而绩效则决定了薪酬中变化的部分。目前大部分企业中薪酬仍在激励机制中占有非常重要的比重，因此，绩效考核不仅为制定薪酬水平提供了标准，而且也是影响激励效果的重要因素。

科学合理的绩效考核，应结合企业的用工机制及运营模式，建立起有效灵活的奖励、晋升等激励机制，并做到公正与公平，通过奖励、晋升来激励员工勤奋工作，尽可能地降低其负面影响。绩效考核的最终评估结果作为企业员工培训、物质奖励、职位晋升等激励机制强有力的依据。客观、公平、公正的绩效考核的原则是对事不对人，全面公平地评估每一位员工的工作，是对员工努力工作实现自我价值的肯定。因此，建立合理、公平、公正的绩效考核体系对于企业激励机制的完善就显得特别重要。

华为在招收人才方面许以高待遇，一名刚毕业的硕士可以拿到年薪 10 万元。另外，华为坚持"知识资本化"，员工可以分得自己的股份。

2001 年前华为处在高速上升期，华为原薪酬结构中股票发挥了极其有效的激励作用，那段时间的华为有种 1+1+1 的说法，即员工的收入中，工资、奖金、股票分红的收入是相当的。员工凭什么能获得这些？凭借的是他的知识和能力，在华为，"知本"能够转化为"资本"。

任正非的理论是：知识经济时代是知识雇佣资本，知识产权和技术诀窍的价值和支配力超过了资本，资本只有依附于知识，才能保值和增值。

把知识转化为资本，知本主义实现制度是华为的创新。其表现在股权和股金的分配上，股权的分配不是按资本分配，而是按知本分配，即将知识回报的一部分转化为股权，然后通过知本股权获得收益。

华为的管理顾问、中国人民大学的专家教授们在为华为制定《华为公司基本法》的过程中，对华为更加注重知识的这种经营管理观念作了进一步的概括和提升，明确地提出了"知本主义"的概念。任正非对此十分赞同，他认为，高科技企业使用知本（或知识资本）的概念很准确，我们就是"以知为本"。中国人民大学的学者对"知本主义"作了详细、清楚的阐述，概括起来，所谓知本主义主要有这几方面的内涵：

1. 认为知识是高科技企业的核心资源和价值创造的主导要素

知本主义理念首先是强调知识、知识劳动的特殊地位与作用。《华为公司基本法》明确提出："我们认为，劳动、知识、企业家和资本创造了公司的全部财富。"知本主义理念不但把知识作为企业价值创造要素中的一个独立要素，公开承认知识与资本一样是企业价值的创造源泉，而且把它排在优先于资本的重要位置上，强调"人力资源不断增值的目标优先于财务资本增值的目标"。

要明白，在当今的高科技企业里，人力资本增值主要提的就是员工知识资本的增值。

2. 主张给创造价值的知识劳动以合理的回报

知本主义理念承认知识劳动的剩余价值，认为高科技企业中由利润转增的资本不应全部归最初的出资者，而认为知识和资本一样，在价值创造中都做出了贡献，应给予知识劳动者以合理的回报。《华为公司基本法》第五条就明确指出："努力探索按生产要素分配的内部动力机制。……奉献者定当得到合理的回报。"

3. 主张通过知识资本化来实现知识的价值

理论界和企业界都在积极探索知识价值的有效实现形式。知本主义主张通过知识资本化来实现知识的价值。《华为公司基本法》明确提出："用

转化为资本这种形式，使劳动、知识以及企业家的管理和风险的积累贡献
得到体现和报偿；……知识资本化与适应技术和社会变化的有活力的产权制
度，是我们不断探索的方向。"

华为实行全体员工持股制，通过股权和股金的分配来实现知识资本化。
正是基于这一理念，华为把机会、人才、技术和产品看成是公司成长的主
要牵动力。形成一个以机会牵引人才、人才牵引技术、技术牵引产品、
产品牵引更大的机会的良性循环反应。在这种牵引力的连锁反应中，人才所
掌握的知识处于最核心的地位，而资本则被搁置在牵引力之外，从而充分
地表现了知识至上、以知为本的理念。

其实并不存在一个所谓的"合理的"绩效目标。我们来看一个开餐馆的
个体老板：他早上五六点起床卖早点，晚上十点多还在卖夜宵，却从来没有
人给他设定绩效目标，也没有 PBC。道理谁都知道，因为赚的钱都是他自
己的。这说明：绩效管理要有效，根本作用还是激励，激励到位了，目标到
底是多少，也就不重要了。这个餐馆老板，他只要把他的全部资源(店面、
人力、食材、手艺、时间等)都充分利用了，满足了最多食客的吃饭需求，
有了最大的收入和利润就 OK 了。

所以说，企业管理要真正"有效"，并不仅仅在于绩效管理有多么"科
学合理"，而是其背后的激励作用。

设定绩效目标还有必要吗？回答是必要的。设定绩效目标的目的就是：
上下级之间明确工作方向和重点，保证战略和目标的一致分解。这个才是
绩效目标设定的重点，至于目标值，它只是一个假设的期望，而这个期望
是否合理，只有天知道。因为市场环境、政治经济环境、天灾人祸，都不
是设定绩效目标的人可控的。正所谓：谋事在人，成事在天。这就从一个侧

面解释了，为什么公司中高层的绩效目标往往上半年都过去了还没有完成，但是这并没有使各部门的工作陷于停滞。比如市场一线的每一个人都知道：市场就是要订货、收入、回款、利润，越多越好，越快越好；挣得多，分得多。

第四节　改变拖延的恶习

在下达任务后，给接受任务者一个完成工作任务的最后期限。许多员工都有拖拉的毛病，在做事情时往往不到最后关头不着急。如果在执行的过程中，有一个人拖延时间，就有可能会影响整个团队的工作。所以在给员工布置工作之前，管理者应该事先估计一下完成该项工作需要的时间，然后在布置工作任务时，向员工提出时限要求，员工要在一定时限内完成该项目的工作任务，否则将要受到处罚。这样，员工就会抓紧时间工作，因为他需要在有限的时间里把任务完成。

没有时间限制的目标，即使量化再好，也可能会使目标实现之日变得遥遥无期。因为你可以轻而易举地为自己找到拖延懈怠的借口，而且不知道该以什么样的行动、什么样的力度去追求目标。同一目标，达成的时间是 3 年和 13 年，那么他的行动计划是完全不一样的。

团队管理中，"主管口中发出的话"与"下属耳里听进的话"往往是不一样的。主管所谓的"尽快"是下班前，而下属的认知很可能是本周末之前。

主管要下达的指示非常多，根本没办法规定最后期限。所以，下达指示时，未规定最后期限很正常，但是在自己等得不耐烦之前，养成后续追踪的习惯是很重要的。向下属追踪后续情况时，绝不可以用生气的口吻询问，应该直接询问事情的进展，而且不可以问："进行得如何了？"应该问："什么时候可以提交报告呢？"

当然，避免下属做事拖拉的最好办法是，下达任务时规定最后期限。而且这期限不是由主管做出，而必须由下属自己承诺。因为人对自己亲口说出的话远比对他人强加的约定更能遵守承诺。换句话说，下属对主管做出了承诺，就会努力遵守最后期限。

要让负责的下属遵守最后期限，有个方式非常有效：就是利用便利贴，让他"写下来"。使用小长方形的便利贴，与下属谈论工作时，直接递出便利贴，让他们写下事情内容及最后期限，再收回来；也可以把便利贴交给部下，让他们自己在上面写下最后期限，然后贴在笔记本上。

关于最后期限的确定，你只要有自己的方式即可。如有很多位下属的主管可以这样做：把写着完成工作日期的便利贴，全都贴在画有每月日程表的白板上。由于是自己写下的最后期限，负责的下属不仅可以减轻心理负担，而且又会给自己必须遵守最后期限的压力。[1]

目标管理中的目标周期，一般多为6个月。虽说期限是6个月，但是每个目标或者说每个项目都可以单独设定期限。另外，也有人将期限全部都设定到周期末，这样会导致在周期末工作都集中一起，最好是把期限尽量地往前调。

总之，期限在目标达成后进行评价时很重要，所以关键是要填写可能达成的期限。

即便给定最后期限，也有一些员工会拖延，一些人甚至会有拖延症。拖延症患者做起事情，往往非常率性，由着自己的性子。缺乏一定的自控

1　李佳蓉.给任务定下最后期限.企业家日报，2014.2

能力，是拖延症患者的典型心态。而且，他们总能找到各种各样拖延做事的借口，放任自己的低迷状态。如何克服拖延症呢，有以下方法：

1. 做好准备

在开始工作前，将工作任务加以分解，再将工作的每一步骤列成清单，并事先做好充分准备，备齐所需物品，这样在工作完成之前就不必起身到处找东西。做好充分准备是按计划工作的有力支持因素。

2. 从最棘手的事开始

当最棘手的问题被克服并完成后，再用余下的时间去完成其他工作任务就显得轻而易举。

华为客户服务部的王克（化名）说出了他的经验："我从制定的任务清单上了解相关事项，确定清单上最棘手的任务，即花费最多时间或付出最大努力的任务，然后从该任务开始实施，直至完成。相比之下，清单上的其他任务就很容易完成了。"

3. 培养完成工作的紧迫意识

很多人克服了拖延的恶习并开始着手工作，但他们永远无法坚持把工作做完，特别是工作收尾阶段临近时，他们会找到越来越多的借口和理由来拖延最后 5% 或 10% 的工作任务。其实，当最后一个细节完成时，人的大脑释放出脑内啡，人会感到异常轻松并充满成就感。

在华为，员工们习惯为任务设定一个清晰、明确的截止日期，以此将任务完成期限置于潜意识中，这种潜意识激励着他们坚持按时完成任务。

4. 保持快节奏

当一个人加快行动步骤而不是维持平常的节奏时，他将完成越来越多的工作，这令人感到惊奇。事实上，如果一个人继续强迫自己更努力、更快速地工作，他将更加自信，并在较短的时间内完成更多工作。在华为，员工们有目的地规划工作，保持工作中的快节奏，这是其获得高效率的关键。

5. 为意外事件留有余地

有些人要求工作尽善尽美，又强迫自己在短期内完成，将自己置于强大的压力下，但却低估完成计划所必需的时间，完全不考虑发生意外的可能性，而恰恰是这些意外事件使计划泡汤。

在华为，员工们为了避免出现这种情况，会在开始工作之前列出详细的工作进度表，预计实现每阶段工作所需的时间，包括可能出现的问题或者意外。

用一句话说明如何战胜拖延症："专心做重要的小事。"

"专心"是提醒大家对抗冲动和分心；"重要"是提醒大家只做有意义的事情；"小事"是提醒大家把困难的任务转化成可行的小事，把漫长的项目拆分成具体的步骤。

所以这八个字已经对症下药，解决加拿大的 Steel 教授那个"拖延公式"里的 4 项主要问题：信心不足、动力（意义）缺失、冲动分心、回报遥远。

其实拖延的成因错综复杂，"一句话"当然很难"包治百拖"，不过这种精炼的说法，方便记忆，这种开放性的答案非常有意义。

第五节　执行要靠铁一样的纪律

《左传》记载：孙武去见吴王阖闾，与他谈论带兵打仗之事，说得头头是道。吴王心想，纸上谈兵管什么用，让我来考考他。便出了个难题，让孙武替他操练姬妃宫女。孙武挑选了一百个宫女，让吴王的两个宠姬担任队长。

孙武将列队操练的要领讲得清清楚楚，但正式喊口令时，这些女人笑作一堆，乱作一团，谁也不听他的。孙武再次讲解了要领，并要两个队长以身作则。但他一喊口令，宫女们还是满不在乎，两个当队长的宠姬更是笑弯了腰。孙武严厉地说道："这里是演武场，不是王宫；你们现在是军人，不是宫女；我的口令就是军令，不是玩笑。你们不按口令操练，两个队长带头不听指挥，这就是公然违反军法，理当斩首！"说完，便叫武士将两个宠姬杀了。

场上顿时肃静，宫女们吓得谁也不敢出声，当孙武再喊口令时，她们步调整齐，动作如一，真正成了训练有素的军人。孙武派人请吴王来检阅，吴王正为失去两个宠姬而惋惜，没有心思来看宫女操练，只是派人告诉孙武："先生的带兵之道我已领教，由你指挥的军队一定纪律严明，能打胜仗。"孙武没有说什么废话，而是从立信出发，换得了军纪森严、令出必行的效果。

有一个美国青年因违反了新加坡法律而要受鞭刑，当时的美国总统克林顿亲自出面为他求情，但新加坡方面并未同意，依然对这名青年进行了鞭刑。这件事在当时成为全球津津乐道的新闻。人们感兴趣的并不是谁要挨打，而是新加坡政府在法律方面不折不扣的执行力。哪怕美国总统求情也不行！正因为严格的执行，说到做到，这四鞭子下去，不仅令受刑人终生难忘，同时提醒了天下人：千万不要以身试法！

去了某一个国家，我们应该服从当地的法律。在企业中，我们应习惯在制度下工作，这是一种职业纪律，也是我们服从于企业、具备良好执行力的直接表现。华为公司重要政策与制度的制定，均充分征求员工意见，并进行充分协商，抑侥幸，明褒贬，提高制度执行上的透明度。从根本上否定无政府、无组织、无纪律的个人主义行为。在这种体制下，每个员工都有可能、有机会成为管理层中的一员。

纪律，是事业的基础，是成功的保证，更是团队中不可或缺的一部分。在企业中，纪律就是为员工而制定的，一个好的员工视纪律如生命，把服从当成自身的一部分。只有这样，他们才会成为企业所需要的员工。

无论我们处于什么岗位，首先要做到的一点就是，不能违反岗位制度。否则，即使我们做出了工作成绩，也难以被别人认可，甚至还会受到领导的猜疑，他会把我们当成"有组织无纪律"的员工。

纪律同时也是个人事业成功的基础，是圆满完成任务的保证，更是团队精神中不可或缺的重要组成部分。一个好的员工视纪律如生命，把遵守纪律当成自身的一部分。因为只有这样，才会成为企业所需要的具有高执行力的员工。可以说纪律是员工应当遵守的行为准则，而遵守纪律则是员工对工作态度与目标的承诺。

在华为公司，每次开会或者学习研讨，虽然大家都已经做到了，但秘书在每次开会前还是会宣布会场纪律。尤其是关闭手机这一制度，与会人员必须要做到。做不到的，就要接受罚款的惩罚。秘书这么做是不是多此一举？显然不是。它恰恰体现出了秘书的责任心。既然宣布会场纪律是她的职责，那么她就应该按照职责的要求去做。以前没有违反纪律的现象，不能保证以后没有违反纪律的现象。就如同以前违规操作没发生事故，不意味着以后违规操作也不会发生事故一样。

一个尊重自己职业的员工，也必定是一个具有强烈纪律观念的员工。因为有着强烈纪律意识，能够深刻地理解工作，会积极主动地完成工作、执行到位，在不允许妥协的地方绝不妥协，也绝不找任何借口拖延。

纪律对于员工来说，就是不可触摸的"热炉"。管理学中有个著名的"热炉法则"，由管理学家麦格雷戈提出，我们不妨用它来规范自己的行为，让自己更具纪律性，更具执行力。

"热炉法则"（hot stove rule）是指组织中任何人触犯规章制度都要受到处罚。它是由于触摸热炉与实行惩罚之间有许多相似之处而得名。"热炉"形象地阐述了惩处原则：

1. 热炉火红，不用手去摸也知道炉子是热的，是会灼伤人的——警告性原则。企业领导要经常对下属进行规章制度教育，以示警告。

2. 每当你碰到热炉，肯定会被火灼伤——一致性原则。说和做是一致的，说到就会做到。也就是说，只要触犯规章制度，就一定会受到惩处。

3. 当你碰到热炉时，立即就被灼伤——即时性原则。惩处必须在错误行为发生后立即进行，决不能拖泥带水，决不能有时间差，以便达到及时改正错误行为的目的。

4. 不管是谁碰到热炉，都会被灼伤——公平性原则。不论是企业领导还是普通员工，只要触犯企业的规章制度，都要受到惩处。在企业规章制度面前人人平等。

第六节　结果要靠过程来保证

古时，魏文王问名医扁鹊："你们家兄弟三人，都精于医术，到底哪一位医术最好呢？"

扁鹊答说："长兄最好，中兄次之，我最差。"文王吃惊地问："你的名气最大，为何反而长兄医术最高呢？"扁鹊惭愧地说："我治病，是治病情严重时。一般人看到我在经脉上穿针管来放血、在皮肤上敷药等大手术，所以以为我的医术高明，名气因此响遍全国。我中兄治病，是治病于病情初起之时。一般人以为他只能治轻微的小病，所以他的名气只在本乡里。而我长兄治病，是在病情发作之前。由于一般人不知道他事先能预防疾病发作，所以觉得他水平一般，但医学内行可以看出他水平最高。"

现代品质管理如同医生看病，治标不忘固本。

许多企业挂着标语"质量是企业的生命"，而现实中却存在"头疼医头、脚疼医脚"的品质管制误区，造成"重结果轻过程"现象。

结果控制者因为纠正了过程错误，得到员工和领导的认可；而默默无闻的过程控制者不容易引起员工和领导的重视。最终导致管理者对表面文章乐此不疲，而对预防式、事前控制、事中控制不感兴趣。

单纯事后控制存在严重的危害：首先，因为缺乏过程控制，下道工序无法及时向上道工序反馈整改意见，造成大量资源浪费；其次，因为上、下工序间缺乏详细的职责标准，造成公司各部门之间互相扯皮，影响公司凝聚力，大大降低了生产效率；再次，员工的质量意识会下降，警惕性下降造成质量事故频发，严重的质量事故会影响公司的信誉，甚至造成失去订单或者带来巨额索赔，给公司造成严重经济损失。[1]

管理重在过程，控制了过程就控制了结果。结果只能由过程产生，什么样的过程产生什么样的结果。过程管理失控最终必然表现为结果失控。

一个小和尚在庙里担任撞钟一职，三个月之后，觉得无聊至极，"当一

1　崔艳峰．过程与结果控制．世界经理人网，2010.1

天 和尚撞一天钟"而已。有一天,住持宣布调他到后院劈柴挑水,原因是他不能胜任撞钟一职。小和尚很不服气地问:"我撞的钟难道不准时?不响亮?"老住持耐心地告诉他:"你撞的钟虽然很准时,也很响亮,但钟声空泛、疲软,没有感召力。钟声是要唤醒沉迷的众生,因此,撞出的钟声不仅要洪亮,而且要圆润、浑厚、深沉、悠远。"

从管理的角度讲,本故事中的住持犯了三个错误:一是住持没有提前公布工作标准,使小和尚不知道撞钟要撞到什么程度;二是主持没有随时巡视及激励,使小和尚产生懈怠心理;三是没有对小和尚进行相应的训练,使小和尚具备相应的工作技能。所谓凡事"预则立,不预则废",指的就是事先要对所布置的工作进行全面规划,让执行者知道做什么(明确工作职责)、为什么做(明白工作的意义)、怎样做(掌握做事的方法)以及做到什么程度(清楚工作标准),只有这样,才能保证执行者达到让管理者满意的工作效果。

所以,我们将管理规则划分为制度和程序,是想说明:在某种程度上,程序比制度更重要。要想达到满意的管理效果,就必须通过一定的程序来保证这种效果的实现,否则只注重结果而不注重过程,往往会欲速则不达,得不到所期望的结果。而注重程序,在实践中的表现就是要加强对员工的培训。

海尔集团将过程管理控制到"每个人每天的每件事"。下属某公司有四十多名驻外营销人员,总部四名管理人员对四十多人的全部营销过程进行控制。每天早晨八点钟,总部的管理人员都要打电话对营销人员进行检查,看他们是否准时约见指定客户(或到达工作地点)开展工作;每天傍晚五点至六点,营销人员都要准时与总部管理人员联系,汇报当日工作,包括到什么地方，拜访什么客户，商谈什么问题，解决了什么问题，还存在什么问题，需要公司提供何种帮助，客户的姓名、地址、电话等，以及第二天的工作计划。

总部管理人员将营销人员汇报的所有信息记录在公司的"日清单"上。公司总部将根据汇报的信息，定期或不定期进行抽查，调查汇报信息的真实性。营销人员每天也要填写"日清单"（相当于行销日记）。营销人员回公司报销、述职时，管理人员要对照"日清单"核定票据的真实性，然后才予以报销。

这种全过程管理起到了五大作用：第一，它使所有营销人员的工作处于受控状态，过去"将在外，君命有所不受"的状态彻底改观；第二，营销人员时时感受到压力，克服惰性，提高销售业绩；第三，营销人员记"日清单"，不断反省总结经验教训，从而使能力提高，每天都有进步；第四，总部掌握了情况，能够在营销人员最需要的时候向他们提供最及时的销售支持；第五，公司通过分析"日清单"，能够掌握市场总体状况，及时调整政策和思路。[1]

以前，华为人只重"结果"，不愿意按照流程操作，而任职资格体系建立之后，"流程执行"成为管理者职业化水平的一个重要衡量指标。不管是集成产品开发、集成供应链等核心业务管理，还是人力资源、财务等支撑业务管理，华为人都需要按照"电子流"运行。

这种变化甚至包括客户接待、会务安排等细节。有位客户参观之后，对华为司机的着装、礼仪和服务水准赞不绝口。实际上，针对不同类别的来访对象，华为制定了相应规格的接待流程。华为的接待工作是流程化管理，每一个时期都有一个接待标准和政策，按照流程，什么级别的客户就安排

1　营销管理四大基本原则，控制过程更重要 . 慧聪网，2010.7

什么样的礼遇，以及安排什么级别的公司领导去接待。对那些不了解中国、不了解华为实力的外国官员，这样奢华的接待不仅使他们感到满足和高兴，而且还可使他们改变看法，至少华为是这么认为的。在国内外市场上的成功越发令华为相信这么做的正确性，也越发自信地不断加大在这方面的投入力度，这就让外界认为华为的手笔越来越大，场面越来越铺张，给人一种错觉："华为很浪费"，或者"华为的经营模式太粗放了"。

除了系统正式的培训之外，华为甚至将不同国家地区的风俗礼仪、主要食谱等印刷成册发给公司所有管理人员学习，从馈赠礼品的选择、会议室的陈列布置，再到餐食的配置，都达到了世界级的专业化水平，很多国内企业参观后都想回去在自己企业中复制一下，但实施起来又都觉得非常困难。仔细研究之后才发现，先进的系统支撑的接待流程，再加上训练有素的职业化队伍，是华为在服务接待质量方面能够持续保持高水准的关键。

通过引进集成产品开发和推行职业化，华为在制度与人这两个方面都获得了巨大的变化。其中最直观的一个变化，就是人均产出的大幅度提升。1996年的时候华为人几乎天天加班，但企业的人均销售收入才 57万元 /年；而到了 2005年，加班现象越来越少，人均销售收入却增加到接近 150万元 /年。[1]

"质量管理体系"是华为所有业务运作的支持体系与运作平台，是各业务运作标准化的集成，并不是20世纪早期提出的那种狭隘的"检查质量"。华为的质量管理体系是，从到取得客户订单，产品设计开发、生产、交付与服务的整个管理过程的标准化运作。质量管理是每个业务模块对其自身业务运作的标准化管理，以达到输出符合质量的要求。"质量管理"就是"业

吴建国，冀勇庆 . 华为的世界 . 北京：中信出版社，2006.11

务管理"，同样"业务管理"就是"质量管理"！质量的"全员参与"、"人人有责"的说法，是要求每个人对自己负责的业务负责，并不是出了质量问题，去问责那些不相干的人。

另外，华为公司不是等待目标已经实现以后再予评价，而是在发展过程中进行评价，这使评价的准确性更加困难。当一件事情做完了再来对它评价，是很容易的，当一件事情做了一半来对它评价则很难。但是华为公司还是坚持在事物的发展过程中进行评价，并强调企业要迅速发展，不能等待事事有结果之后再实行"盖棺定论"。

HUAWEI

第十章

让标准变成行事的规范

第一节　按标准执行的威力

标准是过去成功经验的总结，使我们有所依从，工作起来井然有序。在关键时刻，标准可以指引我们的行动，当面临风险的时候，如果我们自身经验不足，只需要按标准执行，就可以提升执行效率，不至于陷入慌乱的境地。因此，按标准执行是我们做事的有效保障。

2009 年 1 月 15 日，全美航空的 1549 号班机从美国纽约的拉瓜迪亚机场起飞，它的终点站是西雅图。

飞机起飞 1 分钟后，惊人的一幕出现了。坐在驾驶舱右座的副驾驶员杰夫·斯基尔斯正在控制飞机，突然发现右侧舷窗外一群鸟以整齐队形飞行。当机长同时也是飞行员的切斯利·B.萨伦伯格抬头向上看时，发现飞机挡风玻璃前方顷刻已满是黑褐色的大鸟。

萨伦伯格的本能反应就是命令躲闪，但为时已晚，飞机还是和群鸟发生了撞击，人们随即闻到了鸟被烧焦的味道，飞机的两个发动机也随之停止了工作。显然，飞机想返回拉瓜迪亚机场已经不可能。机舱内瞬间变得非常安静，人人都意识到，大难临头了。

萨伦伯格并没有慌乱，他迅速采取了一系列措施：

（1）用最简短的指令要求飞机处在他的完全控制之下。

（2）副驾驶斯基尔斯复述命令，并移交控制权给机长。

（3）萨伦伯格降低机头高度，然后要求副驾驶打开重启发动机标准程序的飞行检查单。

在飞行员的飞行资料箱里，有各种各样的飞行程序，上面有各种紧急情况下的操作指示。它们的作用是：当发生意外情况时，飞行员可以按照检查单上的内容一项项操作，以免因为紧张而疏忽或者忽略了某些重要的操作步骤。

非常不利的情况出现了，重启发动机的程序要求飞机在35000英尺以上的高度。这样驾驶员才有充裕的时间执行标准程序，重启发动机。而1549号航班高度只有3000英尺，没有时间执行程序。

地面已经获悉了飞机遭遇鸟击造成发动机停车的现状，塔台要求飞机爬升至15000英尺的高度。但是他们并不知道，飞机其实已经失去了动力。

斯基尔斯直接告诉塔台，他们不能执行爬升至15000英尺的指令，或许要在哈德逊河上了结了。

在空中，萨伦伯格已经目视到哈德逊河对岸的Teterbon机场，理想状况是把飞机飞到那里去迫降。但是飞机高度太低，速度不够，在没有抵达备降机场前就会坠毁。幸运的是，萨伦伯格同时是一位滑翔机教练，这意味着他熟悉在无动力情况下驾驶飞机飘降的技巧。

地面人员感觉最恐怖的一刻到来了，驾驶员进入无线电静默状态，他们已经无暇和地面通话。如果几分钟后通信恢复，那么，塔台里就是一片狂喜的欢呼。但是，如果一直静默下去，塔台内就会是死一般的寂静，唯有值班管制员孤零零的声音会反复呼叫飞机航班号，要求回话。水面紧急迫降要求降落地点附近有船只，因为飞机可能会发生解体，即便安全降落，也会很快沉没，有船只意味着有获救可能。

萨伦伯格放下襟翼，在失去动力的情况下，这是他手头为数不多的几种控制飞机飞行姿态和速度的设备。

控制襟翼需要液压系统，但是鸟击引擎，造成泄漏，无法通过液压系统操控襟翼。幸运的是，该飞机有一个很小的风力发电机。在这种时候，它会自动从机腹放出，风吹动叶片带动转子发电，供应驾驶舱必要的最低用电，以电力取代液压系统控制襟翼。

迫降接地前，机长从驾驶舱接通送话器，发布迫降指令"brace"，要求所有客舱成员按照事先交代的姿势双手抱头，双膝分开，伏低，准备迎接撞击。

乘务员和飞行员都接受过大量标准紧急撤离程序的训练，启动程序之后乘务员会打开紧急出口，释放橡皮艇，要求乘客穿上救生衣快速撤离机舱。

结果比人们预料的要好得多。飞机飞进哈德逊河河道上空，并以滑翔方式缓缓下降。飞机机尾首先触水，其后以机腹接触水面滑行，飞机左侧的一号引擎于水面滑行期间脱落沉入河底。最后，飞机于曼克顿附近停止滑行，机身保持完整。

当飞机完全停止后，机身开始慢慢下沉，紧急疏散程序立即展开。当时机上的乘客都保持秩序，让妇孺先离开机舱；机长负责指挥疏散，并且两次仔细检查机舱内是否仍有乘客，确定所有乘客离开后才最后离开客机。机上所有人都停留在机翼及紧急充气逃生滑梯上等待救援。

最后的结果令人难以置信：155 名乘客，无一伤亡！萨伦伯格一时间成为众人景仰的英雄。毫无疑问，萨伦伯格处理危机的经验起了很大的作用。

但功劳并不是他一个人的，如果没有斯基尔斯严格对照飞机引擎失效以及迫降的检查列表行事，人员伤亡在所难免。

标准紧急撤离程序也起到了很大的作用。如果不是严格地按照这些程序执行，飞机降落后，很难保证人们能够井然有序地撤离而不发生混乱。

所以，拯救这 155 名乘客的，是飞行员及乘务员对一系列标准程序的完美执行，而非完全依赖机长的危机处理能力。这就是按标准执行的威力！

丰田如何做到产品的高品质？答案同样是标准化工作。在丰田公司，你与任何一位训练有素的领导谈话，询问他如何确保产品零缺陷，他告诉你的答案一定是：通过标准化工作。

在丰田公司，所有人的行为标准就是流程。当出现问题时，团队领导询问的第一个问题一定是："有没有按照标准化工作执行？"在解决问题的过程中，团队领导会看着操作人员按照标准化工作说明书上的步骤执行一遍，以检查其中是否有异。如果操作人员完全依循标准化工作程序而仍然产生了瑕疵，团队领导才会考虑对这些标准步骤加以修正。

正是这种对流程严格执行的态度，保证了丰田汽车的质量，当然，也让丰田成为受人景仰的企业。

按标准执行看似繁琐，实际上却保证了我们的工作质量。多做一个动作，多找一个领导签字，这些看似多余的行为，在很多时候，恰恰影响着我们的工作质量，甚至关乎我们的生命安全。

2009 年 4 月 10 日上午，在太原火车西站派出所附近一家汽车维修铺内，一位工人在修理汽车时，因为违规操作导致油箱爆炸，造成了一死一伤的结果。

其实，这位工人只是少做了一个动作：当时，他正在给卡车焊接油箱。

按照正确的操作流程，油箱在放干汽油后，必须在对油箱不停抽气的情况下，才能对油箱进行焊接。虽然他将抽气管放进油箱，却没有打开气泵。结果，因为油箱内残余的汽油挥发，在焊接时遇到高温，立即产生爆炸。[1]

即使在房地产界，很多业内人士也低估了万科一整套系统的能量和价值。王石离开公司后，万科照常运转。同样都是房地产公司的董事长，万科的王石可以一年内几个月不在公司，去做自己喜欢的登山、飞伞等极限运动，去游学，而其他绝大部分房地产公司的董事长，不仅公司的业绩没能超过万科，而且董事长很少能离开公司一段时间，更有甚者，一些公司的董事长在外地开一周的会都开不下去，中途就得跑回公司处理事情。这表明，这些公司对董事长、总经理的依赖特别强，公司的运转不是靠一套制度和流程去推动，而是靠公司高层一两个人去推动。

中国人太聪明了，所以一些人总在不停顿地创新，因此需要规范。中国人的聪明是有特点的：知道得多，办法多，但规范不多。只有清楚了华为的文化、制度、流程，按华为的工作要求、规范好好去遵守，你才能随心所欲不逾规。

华为经历了不规范到规范的过程，救火英雄逐渐销声匿迹。计划、流程制度在向国际化接轨，华为的组织结构、跨部门业务流程与国际化相比，还存在一定差距，需改进流程和目标合理性、科学性，建立完善的规范制度，使每个部门岗位严格按流程办事，达到效益最大化。

规范是经验的积累，很多是失败的教训换来的；规范是效果和效率的保证，能对工作中的疏漏进行有效防范。因此对各类规范必须高度重视。要有一套规范来指导大家进行操作，不能重复前人的错误！当华为开发从

1　张镱沂.执行就是走流程.北京：机械工业出版社，2009.9

个人英雄的创造转变为团队协作的互动，规范变得像登山运动员的保险绳一样重要。

针对如何进行价值分配，并使分配能够基本合理，华为公司提出了四种方式和标准：

（1）遵循价值规律。也就是按外部人才市场的竞争规律，决定华为的价值分配政策；

（2）引入内部公平竞争机制。价值分配合理不是数量的均等，而是机会的均等；

（3）树立共同的价值观。有共同的价值观，才可能使员工认同公司的价值评价标准，不同价值观的价值评价，标准是不一样的，不可能得出一致的合理性判断；

（4）用公司的成就和员工的士气作为衡量价值分配合理性的最终标准，市场竞争是对价值分配制度的最好检验。

价值分配制度是企业最敏感、最复杂，也是最关键的政策，华为公司在成立初期就解决了价值分配的制度和运作，这是华为早期能用好人才的根本。

第二节　标准执行不打折扣

如果在执行过程中打了折扣，后果又会如何呢？让我们先看看下面这个等式：

$90\% \times 90\% \times 90\% \times 90\% \times 90\% = 59\%$

若是抛开简单的数学意义，我们能从这个等式上获得什么启示呢？

经历过无数次大小考试的我们都知道，考 60 分刚刚及格，考满分 100 分似乎比较难，而 90 分就能引以自豪了。而在工作中，很多人认为把工作做到 60% 太危险，会被公司解雇；做到 100% 太辛苦，感觉不太现实；如果能把工作做到 90%，将是很不错的结果。

这种说法似乎很有道理。但是，我们工作的过程往往是由一个个细微的环节串联而成的，每个环节都以上一个环节为基础，各个环节之间相互影响并以乘法为基准产生最终的结果，而不是百分比的简单叠加。环环相扣的一系列过程结束后，"很不错"的 90 分最终带来的结果可能是 59 分——一个不及格的分数甚至更低，这就是过程控制效应。

在工作中，如果你不对每个环节都认真对待，不对每个细节都"斤斤计较"，不及时地解决出现的问题，不及时地对每个环节进行反馈和修正，不致力于每个环节的完美，而是想当然地认为"结果不会有太大的问题"，那么，最终的结局可能就是这个环节你做到了 90%，下一个环节还是 90%，在 5 个环节之后，你的工作成绩就不是平均值，而是 59%——一个不及格的分数、一个会被激烈的竞争环境淘汰的分数。

事实上，很多时候我们的结果远远低于 59%，甚至会趋向于零！此时，你再回过头来按照 100% 的标准进行"检修"，意味着整个过程都需要"推倒重来"，意味着时间和资源的浪费，意味着效率低下和时机错失，意味着先前的努力可能付诸东流。[1]

"90%×90%×90%×90%×90%=59%"，这个简单的等式却告诉我们一个极不简单的道理：执行过程绝对不能打折扣！

1　施伟德.功劳胜于苦劳.北京：新世界出版社，2013.1

　　华为在 20 世纪 90 年代，花大力气制定《华为公司基本法》，把公司的愿景、战略、组织、文化，做了全面的界定，当时有人觉得是束缚，碍手碍脚。比如规定华为"永不进入信息服务业"，很多人想不通，觉得是断了自己的退路，殊不知，任正非就是要置之死地而后生，有了统一的方向和路径，企业才能稳定地发展。如果没有这一条，一遇到困难就想着进入别的行业，是没有可能在极具竞争性的电信业坚持下来的。

　　英特尔的前总裁格鲁夫有一句名言：唯有偏执狂才能生存！没有规矩，不成方圆；没有约束，企业成不了偏执狂。华为的成功，可以归功于这种偏执。定规矩易，执行规矩难，不折不扣、毫不动摇地执行规矩，难上加难！中国人的聪明，造成对规则和规矩的不尊重，凡事总想另辟蹊径，结果连基本的执行力都丧失掉了！

　　IBM 顾问点出了华为的不足，与华为一起构造华为的新流程，但是如何在企业里"固化"流程，这个重任是华为必须自己扛起的巨石。固化就是例行化（制度化、程序化）、规范化（模板化、标准化）、IT 化。例行化是不断把例外事项变为例行事项的过程，就是要使已经有规定或者已经成为惯例的东西，成为工作必须经过的流程，并使还没有规定和没有成为惯例的东西有效地成为规定和惯例。比如说，既然文档工作很重要，就不能仅靠自觉性去约束，而应该有这样的工作程序：文档工作没有通过，整体研发工作就不能再向下进行，就像没有买飞机票，就不能上飞机一样。

　　规范化的具体手段是模板化、标准化。把所有的标准工作做成标准的模板，一个新员工能看懂模板，会按模板来做，就已经实现国际化、职业化了。三个月就能掌握的东西，虽是前人几十年才摸索出来的，自己也不必再去摸索。将重复运行的清晰流程进行模板化，一项工作达到同样绩效，少用工，又少用时间。例行化（制度化）、规范化（模板化），两化的结果是固化，也是简化。IT 化，就是用 Notes 这样的办公软件，使流程在上面运行。如研发的设计方案必须通过生产部门的审核，并召集生产部门开会。IT 化是如何实现固化的呢？首先研发部门要按 IPD 规范化的模板填写好相关内容，在 Notes 电子流上提交，并提请评审会议的通知。开完会议后，必须有会议纪要附在 Notes 上，会议结果通过 Notes 电子流送到生产部门领导的邮箱，领导在 Notes 电子流上点击"同意，继续向下进行"方可以继续。生产部门的评审意见也要在 Notes 电子流上发布，如果生产部门在 Notes 电子流上选择"文档需要重新制作，重新提交评审"，对不起，研发部门需要重新来过。[1]

这其实就是流程化管理、标准化管理的好处。因为一切都按照标准化模板执行，所以可以避免因为变通而带来的各种不确定，保证执行力的稳定性。"企业管理的目标是流程化组织建设"这已经成为华为创新的核心价值观。

怎样落实才是不打折扣？不打折扣，就是 100% 完成，就是细节到位，就是第一次就把事情做对，就是把问题一次性解决，就是要高标准严要求！

绩效源自落实，不打折扣才能保证高效。

---

1 张利华 . 华为研发 . 机械工业出版社，2009.10

第三节　尊重流程标准

在管理规范的公司里面，没有英雄，没有个人主义，但每个人都很优秀。在管理不规范的公司里面，虽然"英雄频现"，但更多的人可能是不优秀甚至是不合格的。

在军人出身的任正非的人生字典里，"英雄"无疑是意义非同一般的概念。华为能从无数的诱惑、坎坷、教训中走过来，能从漫长的"冬天"里挺过来，应该归功于任正非及他带领下的以"群狼"自诩的华为人，他们拥有一种英雄式的悲壮的牺牲精神。

在多次的动员会上，任正非的讲话中"英雄"、"豪杰"等词汇频繁出现。这个时期，华为各阶层员工团结成一支狼虎之师，所到之处，所向披靡。如果说任正非把华为当成一支部队，一支英雄之师进行攻城略地，也是不为过的。然而，从1998年做了《昙花一现的英雄》和《狭路相逢勇者胜》讲话之后，任正非的文章和讲话很少出现"英雄"字样。任正非希望华为的发展壮大不再依靠一两个"超人"式的英雄，而是依靠一个职业化的团队。这个团队即便有一两个人离开，也不会妨碍它向前迈进的步伐。2000年之后，任正非就曾指出，华为从一个"英雄"创造历史的小公司，正逐渐演变为一个职业化管理的具有一定规模的公司。要淡化英雄色彩，不提倡英雄主义，更要淡化领导人的色彩。

任正非曾说过："只有职业化、流程化才能提高一个大公司的运作效率，降低管理内耗。第二次创业的一大特点就是职业化管理，职业化管理就使英雄难以在高层生成。公司将在两三年后，初步实现 IT 管理，端对端的流程化管理，每个职业管理者都在一段流程上规范化运作。"

一条职业化、制度化、流程化的"堤坝"，远远比堤坝里奔腾着什么样的水更重要：华为修坝的觉醒，起源于《华为公司基本法》起草之前，华为1995 年引入西方的一套工资改革体系，任正非彼时只是敏感地意识到，高速发展的知识竞争时代，对科技人员的激励是企业发展的根本动力。然而，直到《华为公司基本法》成稿，任正非才开始把这套萌芽的"管理思维"扩张为从文化、价值观，到经营策略的完整科技体系。

华为之所以从小农式作坊全部转变成规模化的运作，流程优化居功至伟。现在，华为专注于全球运营商企业，在全球化的路上小步快跑。我们不禁要问，它的流程优化是怎样实现的？它在流程管理中又是如何删繁除冗的？

1. 瞄准关键点——掌握时间优势

在建立 IT 系统前，华为发出货物就宣告万事大吉，并不会把货物的详细信息提供给客户，这导致客户在接到货物后必须重新填制收货单据。这种服务模式的影响是：入账重审、内部资产等后续环节停滞不前，时间耗费掉了不说，流程作业如泥牛入海连个浪花都没有产生，典型的白费工夫办瞎事。为解决这个问题，去除作业流程中的劣势，华为构建了电子化的客服流程，一方面让客户省时省心，另一方面己方也减少了等待时间，一举扭转乾坤，化劣势为优势。

因此，华为要求员工：一旦开始操作，就必须对各个关键环节的执行情况进行监控，以确保工作任务按照计划进度开展，并在此基础上提升效率。

2. 发挥创造力——打破惯性思维

回溯到 20 世纪 90 年代初，华为以新兵姿态跻身电信设备制造商的行列。当时，摩托罗拉、思科、爱立信、北电等国外的老牌通信巨头，正以强大的产品供货能力牢牢占据着中国市场。因此华为内部滋生了一种观点：华为作为后来者，应尽快获得产品低成本的竞争优势。不过，华为决策者则认为，必须尽快优化生产管理、质量控制和物流体系，拉近与那些老牌通信巨头的距离。

1993 年初，华为在西门子公司相关技术人员的帮助下，重新设计了整体生产流程。华为希望通过内部统一的物流体系，保障完整的质量控制和生产管理，并减少物料流通环节，缩短生产周期，以全面提高华为的产品供货能力。

现在已无需再评价该项目对华为的深远影响，这一逆流而上、敢于挑战的思维方式，起到了为华为改头换面的巨大作用。华为于是一直坚持在流程优化中打破惯性思维。[1]

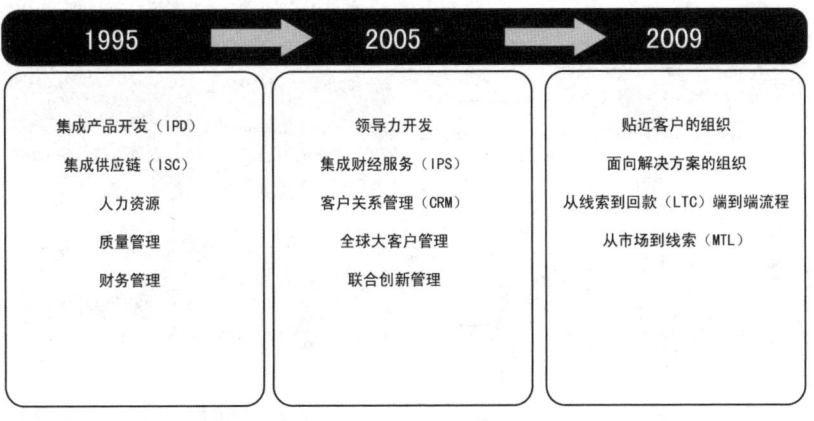

1　杨玉柱.华为流程除冗三大流程.商业评论，2010.11

华为业务流程的广度——覆盖全业务

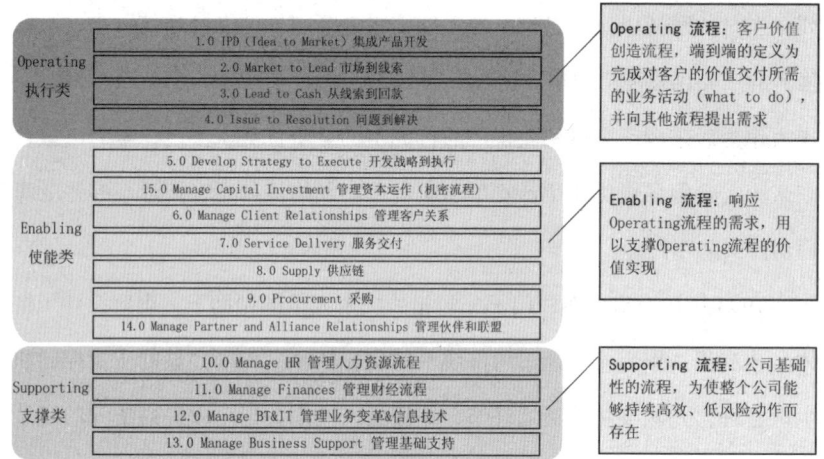

华为业务流程的深度——细化到可执行

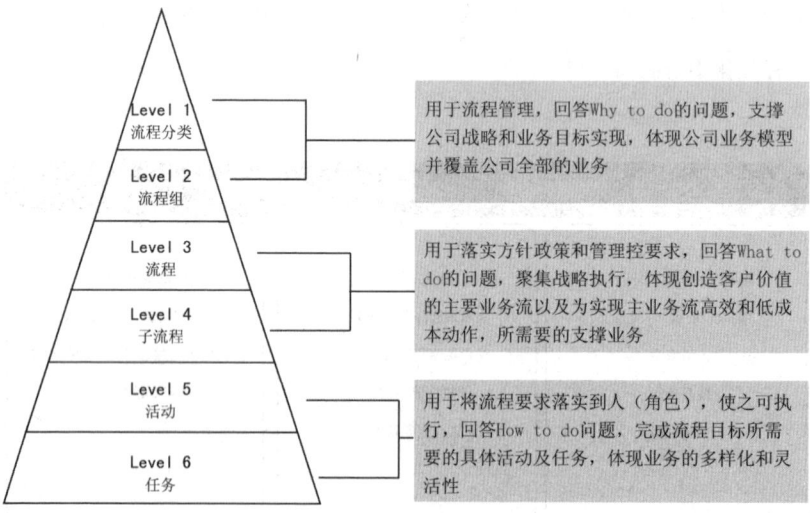

当华为逐渐向流程化、职业化转变时，业务部门越来越感觉到 IT 系统全流程不通，业务数据在各个 IT 系统中条块分割，跨过太平洋就很难通

过 IT 系统有效调动公司资源。典型的例子就是一份客户合同或 PO（订单"Purchase Order"），从录入 IT 系统到履行完毕并开出发票，全流程流经十几个 IT 系统，而且不可跟踪，必须靠很多人去上下游核对，既浪费人力，又无法保证准确，效率异常低下。2009 年 1 月，任正非在销服体系奋斗颁奖大会上谈道："我们从以技术为中心，向以客户为中心的转移过程中，如何调整好组织，始终是一个很难的题目。刚开始我的认识也是有局限性的。我在 EMT（经营管理团队）会上讲了话，要缩短流程，提高效率，减少协调，使公司实现有效增长，以及现金流的自我循环。但提出的措施，确实有一些问题，单纯地强调精简机关，压缩人员，简化流程，遭遇一部分 EMT 成员的反对。

"他们认为机关干部和员工压到一线后，会增加一线的负担，增加了成本，并帮不了什么忙。机关干部下去以总部自居，反而干预了正常的基层工作。后来我听取一些中层干部的反映，他们认为组织流程变革要倒着来，从一线往回梳理，平台（支撑部门和管理部门，包括片区、地区部及代表处的支撑和管理部门）只是为了满足前线作战部队的需要而设置的，并不是越多越好、越大越好、越全越好。要减少平台部门，减轻协调量，精减平台人员，自然效率就会提高。这样 EMT 决议还未出笼就被反了一个方向。但如何去实现这一点呢？问题仍然摆在前面。"

北非地区部给华为提供了一条思路，就是把决策权根据授权规则授给一线团队，后方起保障作用。这样华为的流程优化的方法就和过去不同了，流程梳理和优化要倒过来做，就是以需求确定目的，以目的驱使保证，一切为前线着想，就会共同努力地控制有效流程点的设置。从而精简不必要的流程，精简不必要的人员，提高运行效率，为生存下去打好基础。

流程管理体系是借鉴业界领先实践和总结自身流程动作管理而整理的一套全球流程管理规则和制度。

流程管理体系的价值在于：有序管理业务流程；降低流程动作成本和风险；持续提高流程动作效率和质量。

尊重标准才能有效执行，一个对标准不尊重、不信任的人，不可能百分之百地按标准执行。可是，我们又为什么要尊重标准？答案是：因为它对我们每个人的利益有好处。[1]

第四节　维护制度的严肃性

很多时候，仅仅按流程执行是不够的，我们还需要主动去维护制度标准的严肃性，不允许任何人违反它、破坏它。通过制度及流程来管理，是公司能够做大的关键。很多公司规模小的时候盈利能力很强，一旦规模做大，虽然销售额在不断上升，但盈利水平却在不断下降，原因之一：就是在管理上仍然靠人治而不是流程管理，结果导致管理混乱，各种成本急速上升。

任正非总结起草《华为公司基本法》的目的，即"我们要逐步摆脱对技术的依赖，对人才的依赖，对资金的依赖，使企业从必然王国走向自由王国，建立起比较合理的管理机制……对人的管理才是最大的财富。当我们还依赖于技术，依赖于人才，依赖于资金时，我们的价值评价体系就存在一定程度的扭曲，我们还不能说是获得了自由。只有摆脱这三个依赖，才能科学决策。我们起草基本法，就是要构建一个平台，构筑一个框架，

1　王唤明.细节管理10堂执行课.长春：吉林大学出版社，2010.6

使技术、人才、资金发挥出最大的潜能。"

因此，华为从 HAY 集团引入"职位与薪酬体系"，从 IBM 引进集成产品开发（IPD）及集成供应链管理（ISC），以及将英国国家职业资格管理体系（NVQ）引为企业职业资格管理体系等。

华为的第一次变革是在华为发展一帆风顺的时候进行的，当时的华为，刚刚经历了连续 5 年的翻番式增长，并在国内确立了龙头老大的市场地位。持续的成功，让员工心里充满了自信和无往而不胜的良好感觉。

为了保证变革的成功，任正非特别制定了对系统"先僵化，后优化，再固化"的变革方针。这也就是说，任正非先是让员工在第一阶段"被动"、"全面"地接受这一套新的运行方式，等公司对整个系统的运行有了比较深刻的认知之后，再对其进行调整优化，最后自然形成一套特有的华为自己的运行方式。任正非表示："在管理改进和学习西方先进管理方面，我们的方针是'削足适履'，对系统先僵化，后优化，再固化。我们切忌产生中国版本、华为版本的幻想。5 年之内不许任何改良，不允许适应本地特色，即使不合理也不许动。5 年之后把国际上的系统用惯了，再进行局部改动。至于结构性改动，那是 10 年之后的事情。"

华为集中了中国 IT 领域近万名的优秀人才，这些人的脑子里都充满了主意，有些员工还没有搞明白要进行变革的方向，就开始提出各种各样的问题，他们自认为比 IBM 的理念还要先进。任正非表示："我们让大家去穿'美国鞋'，让美国顾问告诉我们'美国鞋'是什么样子。至于到了中国后，鞋是不是可以变一点，只有顾问有权力变，我们没有这个权力。创新一定要在理解的基础上创新。我们要把那些出风头的人从我们变革小组中请出去。"

如果还没有用引进的管理方法进行实践，一上来就民主地让大家进行

"优化"，一定会意见不一，因为每个人都有自己的经验，单凭过去的经验来套新的规则，会陷入形而上学。任正非深知这一点，他在一次讲话中说："华为员工很聪明，容易形成很多思想和见解，认识不统一，就容易分散精力。"

1998年9月，IBM项目刚刚开始一个月，任正非在关于公司IT建设的会议上就异常严厉地指出："我最痛恨'聪明人'，认为自己多读了两本书就了不起，有些人还不了解业务流程是什么就去开'流程处方'，结果流程七疮八孔的老出问题。""我们坚决反对搞中国版的管理、华为特色的管理。所谓管理创新，在现阶段就是要去消化西方成熟的管理。""IBM是一个具有80多年悠久历史的公司，而华为还处在一个学生娃、课本式的幼稚管理阶段。我们一直摸着石头过河，但我们不希望掉到河里去。我们应该看到IBM已经站在相当的高度，它的坐标是世界级的，所以IBM指出我们的问题，我们一定要理解。""我们有很大的决心向西方学习。在华为公司，很多方面不是在创新，而是在规范，这就是我们向西方学习的一个很痛苦的过程。正像一个小孩，在小的时候，为生存而劳碌，腰都压弯了，长大后骨骼定了型改起来很困难。因此，我们在向西方学习过程中，要克服东方人好幻想的习惯，否则不可能真正学习到管理的真谛。"

由于IPD（集成产品开发）牵涉的面很广，华为规模大、产品线宽、系统复杂、技术含量高，刚开始IPD在华为的实施是十分艰难的。为了保证将国际先进的管理体系不走样地移植到华为，任正非还下了死命令："不学习IPD、不理解IPD、不支持IPD的干部，都给我下岗！"

自古以来，任何变革都会遭受各种各样的阻力。变革一定会触及一部分人的利益，戳痛个别人。这些人自然会千方百计地找出理由，坚持不懈去抵触，越民主，越容易形成重重阻力，最后导致新管理的流产。这是一切软弱的改革者的软肋。要想获得变革的最终胜利，变革的领导者就必须能够正确机敏地应对和顶住来自各方的压力和困难，针对企业实际制定合适的变革策略。

1997 年，管理变革发起之时，30% 市场主管离开原有岗位，其他部门的人事冲击几乎形成风暴。

在 IPD 和 ISC 实施最为深入、投入也最大的 2002 年，受当时 IT 业衰退的影响，任正非领导下的华为当年还出现了创业以来的首度业绩滑坡，销售额下降了 17%，利润和成本都受到了挤压。更雪上加霜的是，受公司业绩增长压力以及流程变革带来的阵痛影响，2001 ~ 2002 年，有众多不适应新的管理流程的核心研发团队相继离职。

变革除了动摇了原有人事的能力和职位评估，更冲击到原有研发技术核心人员的理念，过往研发策略和方向更依赖个人和资金，而新 IPD 流程更强调决策的流程化和组织化，强调研发为市场所主导——在 IPD 流程推行日益深入的 2001 年前后，何庭波所在的软件及芯片部门中，不少人被迫削足适履，个人英雄情结向流程和组织妥协，不少当年核心研发人员离开了华为，有 30% 左右的人离开了。而任正非在非公开场合也谈到过，这场持续而作风强硬的管理变革的代价是：让当时大概 2000 名管理干部离开了华为。

参考文献

[1] 白山，边建强.提升执行力的68个关键 [M].北京：当代世界出版社，2008.

[2] 汪中求.细节决定成败 [M].北京.新华出版社，2004.

[3] 章岩.赢在中层：中层带队伍的执行力法则 [M].北京：台海出版社，2009.

[4] 汪中求.细节决定成败 Ⅱ [M].北京：新华出版社，2007.

[5] 陈浩.细节决定成败 [M].北京：中华工商联合出版社，2011.

[6] 赖新元.不折不扣地执行 [M].北京：中国长安出版社，2008.

[7] 胡俊.私营公司24堂细节管理课 [M].北京：北京工业大学出版社，2011.

[8] 汪中求，吴宏彪，刘兴旺.精细化管理 [M].北京：北京理工大学出版社，2013.

[9] 墨墨.把工作做到极致 [M].北京：北京理工大学出版社，2010.

[10] 王永德.狼性管理在华为 [M].武汉：武汉大学出版社，2012.

[11] 李问渠.细节思维 [M].武汉：武汉出版社，2011.

[12] 梁汉桥.你在为谁工作 [M].北京：中国致公出版社，2011.

[13] 邢群麟，姚迪雷.赢在细节 [M].北京：华夏出版社，2008.

[14] 王汉武.引爆 [M].北京：新华出版社，2007.

[15] 张秀娟.赢在细节，成在执行 [M].北京：华夏出版社，2013.

[16] 邱玉栋，王华玉.节约倍增效益 [M].北京：机械工业出版社，2009.

[17] 程东升.任正非管理日志 [M].杭州：浙江大学出版社，2013.

[18] 丁振宇.一分钟提高执行力 [M].北京：北京工业大学出版社，2011.

[19] 陈浩.执行重在到位 [M].北京：中华工商联合出版社，2013.

[20] 张贯京.华为四张脸 [M].广州：广东经济出版社，2007.

[21] 程东升，刘丽丽.华为经营管理智慧 [M].北京：当代中国出版社，2005.

[22] 张利华.华为研发 [M].北京：机械工业出版社，2009.

[23] 余世维.赢在执行（员工版）[M].北京：北京出版社，2009.

[24] 邵雨.管控力：面向目标的执行方法 [M].北京：清华大学出版社，2008.

[25] 赵国强，杨魏峰.管理心理学 [M].郑州：河南大学出版社，1995.

[26] 李佳蓉.给任务定下最后期限 [J].企业家日报，2014（2）.

[27] 吴建国，冀勇庆.华为的世界 [M].北京：中信出版社，2006.

[28] 张镜元.执行就是走流程 [M].北京：机械工业出版社，2009.

[29] 施伟德.功劳胜于苦劳 [M].北京：新世界出版社，2013.

[30] 王唤明.细节管理10堂执行课 [M].长春：吉林大学出版社，2010.

[31] 李瀛寰.任正非谋划的另一盘棋：电商［A］.新浪网，2013（8）.

[32] 华为项目团队管理［A］.项目管理资源网，2010（9）.

[33] 张翔.一把斧头引发的国际误会［J］.文苑，2008（6）.

[34] 王文明.《道德经》与企业细节管理［J］.企业文明，2012（5）.

[35] 陈江.细节成就职业化与专业化［J］.北大纵横，2008（3）.

[36] 彭勇.华为抓住时机开拓国际市场的故事［A］.新华网，2010（12）.

[37] 牧徐徐.价值 2 亿美元的工作态度［J］.现代阅读，2012（4）.

[38] 吕明合.雾锁昆明机场，机场选址：是省钱还是"不尊重科学"［J］.南方周末，2014（3）.

[39] 许捷.日本车赢在细节上［J］.环球时报，2004（3）.

[40] 丁洁.提升企业管理执行力培养和训练细节管理能力［J］.湖北广播电视大学学报，2013（8）.

[41] 白刚.华为的管理为什么会成功［A］.新浪网，2014（5）.

[42] 包政.解读《华为基本法》：让管理者树立权威［J］.创业家，2013（7）.

[43] 华为的绩效考核秘诀你知道么［A］.总裁学习网，2013（6）.

[44] 田涛.华为内部教育文章：华为如何把 15 万秀才变成兵［J］.投资与合作，2013（7）.

[45] 崔艳峰.过程与结果控制［A］.世界经理人网，2010（1）.

[46] 营销管理四大基本原则，控制过程更重要［A］.慧聪网，2010（7）.

[47] 杨玉柱.华为流程除冗三大流程［J］.商业评论，2010（11）.

[48] 崔建中.没有完美的个人只有完美的团队［M］.北京：北京理工大学出版社，2010.

[49] 刘加福.赢在细节管理［M］.北京：中国纺织出版社，2008.

后记

　　本书从最初的调查研究到中途的设计与写作，再到随后的审阅出版等，经历了一个艰难且辛苦的过程，但同时也是一个自我学习的过程。这样说的原因在于，在过去的一段时间里，围绕本书的研究与写作，我们获得了各种各样的帮助，包括资料收集论证上的协助，具体写作过程中的指导，以及心智上的点拨。

　　《华为细节管理法》写作中引用了一些国内外的文章、著作的部分观点，在表达谢意的同时，亦对个别未标明出版的引文作者致歉，希望相关版权拥有者见到本声明后及时与我们联系，我们都将按相关规定支付稿酬。

　　由于本书字数多，工作量巨大，在写作过程中的资料搜集、查阅、检索得到了我的同事、助理、朋友等人的帮助，在此对他们表示感谢，他们是赵振思、卢壮、肖园发、林心、张颜全、张创盛等，感谢他们的无私付出与精益求精的精神。